Šola - ቤት-ትምህርቲ   2
Potovanje - መገሻ   5
Prevoz - መጓጓዝያ   8
Mesto - ከተማ   10
Pokrajina - ስእሊ. መሬት   14
Restavracija - ቤት-መግቢ   17
Supermarket - ሱፐርማርከት   20
Pijače - መስተ   22
Hrana - መግቢ   23
Kmetija - ቤት ሕርሻ   27
Hiša - ገዛ   31
Dnevna soba - ክፍሊ. ምቕማጥ   33
Kuhinja - ክሽነ   35
Kopalnica - ክፍሊ. ባንዮ   38
Otroška soba - ክፍሊ. ቆልዑ   42
Oblačilo - ክዳን   44
Pisarna - ቤት ጽሕፈት   49
Gospodarstvo - ቑጠባ   51
Poklici - ሞያታት   53
Orodje - ናውቲ   56
Glasbeni instrument - መሳርሒ. መዚቃ   57
Živalski vrt - መካነ እንስሳታት   59
Šport - ስፖርት   62
Dejavnosti - ንጥፈታት   63
Družina - ስድራቤት   67
Telo - ኣካላት   68
Bolnišnica - ሆስፒታል   72
Nujni primer - ህጹጽ ኩነት   76
Zemlja - ምድሪ   77
Ura - ሰዓት   79
Teden - ሰሙን   80
Leto - ዓመት   81
Oblike - ቅርጽታት   83
Barve - ሕብርታት   84
Nasprotja - ኣንጻራት   85
Števila - ቁጽርታት   88
Jeziki - ቋንቋታት   90
Kdo / kaj / kako - መን / እንታይ / ከመይ   91
Kje - ኣበይ   92

Impressum
Verlag: BABADADA GmbH, Nedderfeld 112 , 22529 Hamburg
Geschäftsführer / Verlagsleitung: Harald Hof
Druck: Books on Demand GmbH, In de Tarpen 42, 22848 Norderstedt

Imprint
Publisher: BABADADA GmbH, Nedderfeld 112 , 22529 Hamburg, Germany
Managing Director / Publishing direction: Harald Hof
Print: Books on Demand GmbH, In de Tarpen 42, 22848 Norderstedt, Germany

Šola

ቤት-ትምህርቲ

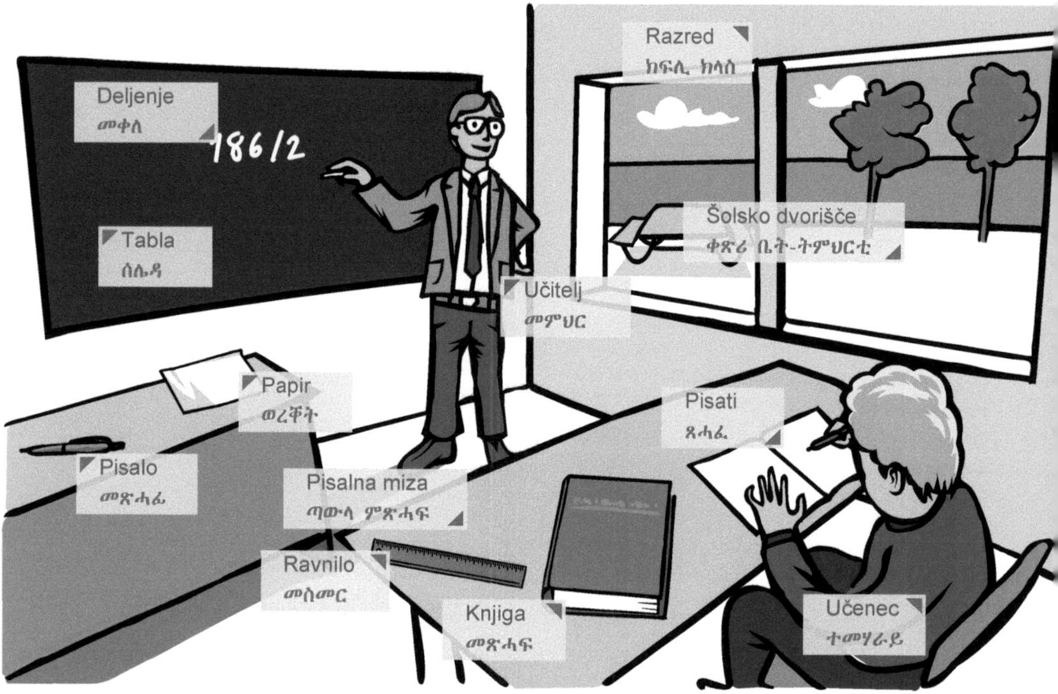

Razred
ክፍሊ ክላስ
Deljenje
መቀለ
186/2
Tabla
ሰሌዳ
Šolsko dvorišče
ቀጽሪ ቤት-ትምህርቲ
Učitelj
መምህር
Papir
ወረቐት
Pisati
ጸሓፈ
Pisalo
መጽሓፊ
Pisalna miza
ጣውላ ምጽሓፍ
Ravnilo
መስመር
Knjiga
መጽሓፍ
Učenec
ተመሃራይ

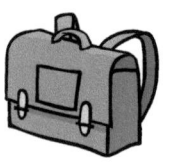

Šolska torba

ሳንጣ ትምህርቲ

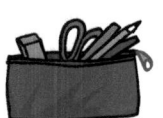

Peresnica

ሰፈር ብርዒ

Svinčnik

ርሳስ

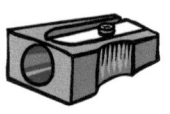

Šilček

መብልሒ ርሳስ

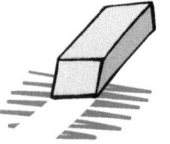

Radirka

መደምሰሲ

Risalni blok

ጥራዝ ስእሊ

Risba

ስእሊ

Čopič

ብርዒ ቀለም

Vodene barvice

ቦክስ ቀለም

Škarje

መቐስ

Lepilo

መጣበቒ

Zvezek

ጥራዝ መላመጂ

Domača naloga

ዕዮ ገዛ

12

Število

ቁጽሪ

2+2

Seštevanje

ወሰኽ

5-2

Odštevanje

ጎደለ

2×2

Množenje

ረብሓ

Računanje

ደመረ

A

Črka

ፊደል

ABCDEFG HIJKLMN OPQRSTU VWXYZ

Abeceda

ስርዓት ፊደላት

hello

Beseda

ቃል

Besedilo

ጽሑፍ

Brati

ኣንበበ

Kreda

ኩርሽ

Učna ura

ሰዓት

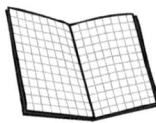

Redovalnica

መዝገብ ክላስ

Preizkus znanja

መርመራ

Spričevalo

ሰርቲፊከት

Šolska uniforma

ድቢዛ ቤት ትምህርቲ

Izobrazba

ትምህርቲ

Enciklopedija

ለክሲኮን

Univerza

ዩኒቨርሲቲ

Mikroskop

ሚክሮስኮፕ

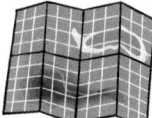

Zemljevid

ካርታ

Koš za smeti

ጐሓፍ ወረቐት

Hotel
መቆበሊ. ኦጋዪ፝

Hostel
ሆስተል

ROOMS

EXCHANGE

Menjalnica
ቦታ ቅያር ገንዘብ

Kovček
ባሊጃ

Avtomobil
መኪና

Jezik

ቋንቋ

da / ne

እወ / ኖ

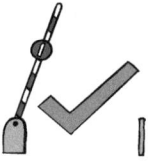

Prav

ሕራይ

Pozdravljeni

ሰላም

Prevajalec

አስተርጓሚ

Hvala

የቸንያለይ

Koliko stane…?

. . . ክንደይ ዋግኡ?

Ne razumem

አይተረድኣኹን

Težava

ሽግር

Dober večer!

ሰላም ምሽት!

Dobro jutro!

ከመይ ሓዲርካ

Lahko noč!

ሰላም ለይቲ

Nasvidenje

ደሓን ኩን

Smer

አንፈት

Prtljaga

ጉዓዝ

Torba

ሳንጣ

Nahrbtnik

ሳንጣ ሕቖ

Gost

ጋሽ

Soba

ክፍሊ.

Spalna vreča

ክሻ መደቐሲ.

Šotor

ቴንዳ

Turistične informacije

ሓበሬታ በጻሕቲ ሃገር

Plaža

ገምገም ባሕሪ

Kreditna kartica

ክረዲት ካርድ

Zajtrk

ቁርሲ

Kosilo

ምሳሕ

Večerja

ድራር

Vozovnica

ቲከት

Dvigalo

ሊፍት

Znamka

ማሕተም ደብዳበ

Meja

ዶብ

Carina

ድንና

Veleposlaništvo

ኣምበሲ

Vizum

ቪዛ

Potni list

ፓስፖርት

Prevoz

መጓዓዝያ

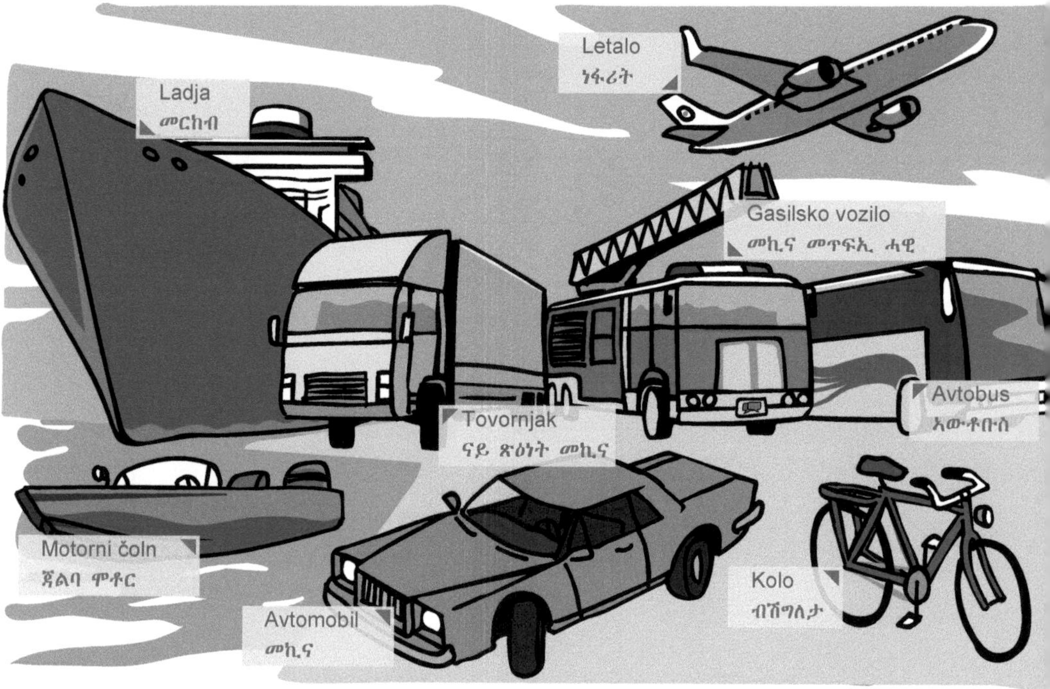
Letalo
ነፋሪት
Ladja
መርከብ
Gasilsko vozilo
መኪና መጥፍኢ ሓዊ
Avtobus
ኣውቶቡስ
Tovornjak
ናይ ጽዕነት መኪና
Motorni čoln
ጃልባ ሞቶር
Kolo
ብሽግለታ
Avtomobil
መኪና

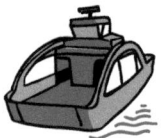

Trajekt

ፈሪ

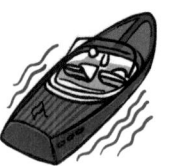

Čoln

ጃልባ

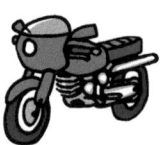

Motorno kolo

ሞቶ

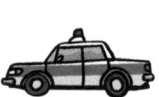

Policijski avto

መኪና ፖሊስ

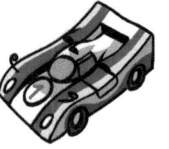

Dirkalni avto

መኪና ቅድድም

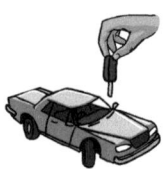

Najeto vozilo

ክራይ መኪና

Souporaba avtomobila

ምውፋይ መካይን

Avtovleka

መወሰዲ መኪና

Smetarsko vozilo

መኪና ጎሓፍ

Motor

ሞቶር

Gorivo

ነዳዲ

Bencinska postaja

እንዳ ነዳዲ

Prometni znak

ምልክት ትራፊክ

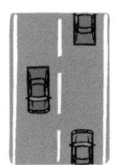

Promet

ትራፊክ

Zastoj

ምጭቕጫቕ ትራፊክ

Parkirišče

መዕሸጊ መኪና

Železniška postaja

መዕረፊ ባቡር

Tirnice

ሓዲግ

Vlak

ባቡር

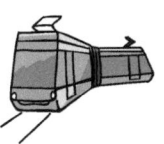

Tramvaj

ትረም

Vagon

ባጎኒ

Helikopter

ሄሊኮፕተር

Letališče

መዓረፍ ነፈርቲ

Stolp

ታወር

Potnik

ተጓዓዚ

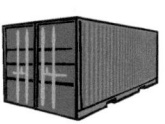

Kontejner

ኮንተይነር

Karton

ሳንዱቅ ካርቶን

Voziček

ኮርሳ ጽዕነት

Košara

ዘንቢል

vzleteti / pristati

ተበገሰ / ዓለበ

Mesto

ከተማ

Vas

ቀኣሽት

Mestno jedro

ማእከል ከተማ

Hiša

ገዛ

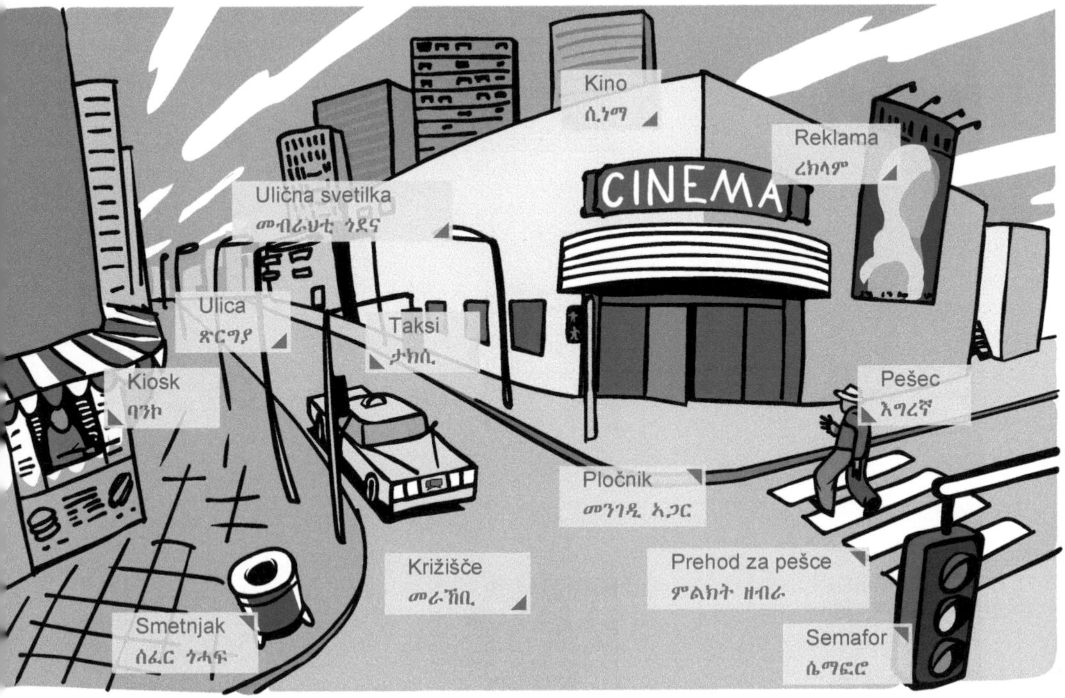
Kino
ሲኒማ
CINEMA
Reklama
ረክላም
Ulična svetilka
መብራህቲ ጎደና
Ulica
ጽርግያ
Taksi
ታክሲ
Kiosk
ባንኮ
Pešec
እግረኛ
Pločnik
መንገዲ ኣጋር
Križišče
መራኸቢ
Prehod za pešce
ምልክት ዘብራ
Smetnjak
ሰፈር ጓሓፍ
Semafor
ሴማፎሮ

Koča

ኣጉዶ

Stanovanje

ኣፓርትመንት

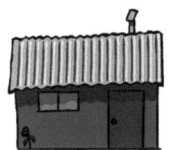

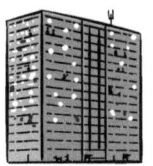

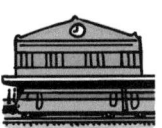

Železniška postaja

መዕረፊ ባቡር

Mestna hiša

ቤት ምምሕዳር

MUSEUM

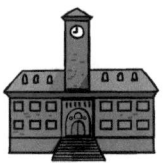

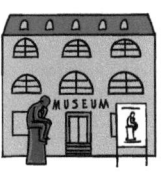

Muzej

ቤተ መዘክር

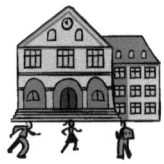

Šola

ቤት-ትምህርቲ

Univerza

ዩኒቨርሲቲ

Banka

ባንክ

Bolnišnica

ሆስፒታል

Hotel

መቐበሊ ኣጋይሽ

Lekarna

ቤት መድሃኒት

Pisarna

ቤት ጽሕፈት

Knjigarna

ዱኳን መጽሓፍቲ

Trgovina

ዱኳን

Cvetličarna

ዱኳን ዕንባባ

Supermarket

ሱፐርማርክት

Tržnica

ዕዳጋ

Veleblagovnica

ሹቕ

Ribarnica

ነጋዳይ ዓሳ

Nakupovalno središče

ሹቕ

Pristanišče

መርሳ

Park

መዝናግ

Klop

ባንኪ

Most

ድልድል

Stopnice

መደያይቦ

Podzemna železnica

ባቡር ትሕቲ ምድሪ

Predor

ቢንቶ

Avtobusno postajališče

መዕረፊ ኣውቶቡስ

Bar

ቤት መስተ

Restavracija

ቤት-መግቢ

Poštni nabiralnik

ሰታሪት

Ulična tabla

ታቤላ

Parkirna ura

ሰዓት ፓርኪንግ

Živalski vrt

መካነ እንስሳታት

Kopališče

መሓምበሲ

Mošeja

መስጊድ

Kmetija

ቤት ሕርሻ

Onesnaževanje

ብከላ

Pokopališče

መቃብር

Cerkev

ቤተክርስትያን

Otroško igrišče

ቦታ ምጽዋት

Tempelj

ቤት መቕደስ

Pokrajina

ስእሊ መሬት

List
አቛጽልቲ

Kažipot
መሕበሪ መገዲ

Pot
መገዲ

Travnik
ሸኽ

Kamen
እምኒ

Drevo
ኣግራብ

Pohodnik
ኮብላሊ

Reka
ፈለግ

Trava
ስዓሪ

Cvetlica
ዕንባባ

Dolina

ስንጥሮ

Hrib

ጎበ

Jezero

ቀላይ

Gozd

ዱር

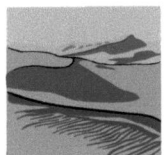

Puščava

ምድረ በዳ

Vulkan

እሳተ-ጎመራ

Grad

ግምቢ

Mavrica

ቀስተ-ደመና

Goba

ቃንጦሻ

Palma

ዓርኮብኮባይ

Komar

ጣንጡ

Muha

ሃመማ

Mravlja

ጻጻ

Čebela

ንህቢ

Pajek

ሳሬት

Hrošč

ሕንዚዝ

Žaba

ዕንቅርያብ

Veverica

ምጽጹላይ

Jež

ቅንፍዝ

Zajec

ማንቲለ

Sova

ጉንጓ

Ptič

ጭሩ

Labod

ስዋን

Divji prašič

መፍለስ

Jelen

ዓጋዘን

Los

ሙስ

Jez

ግድብ

Vetrnica

ተርባይን ንፋስ

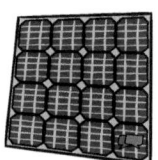

Solarna plošča

ሶላር ስርሓት

Podnebje

ኩነታት ኣየር

Restavracija

ቤት-መግቢ

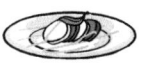

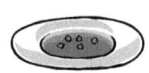

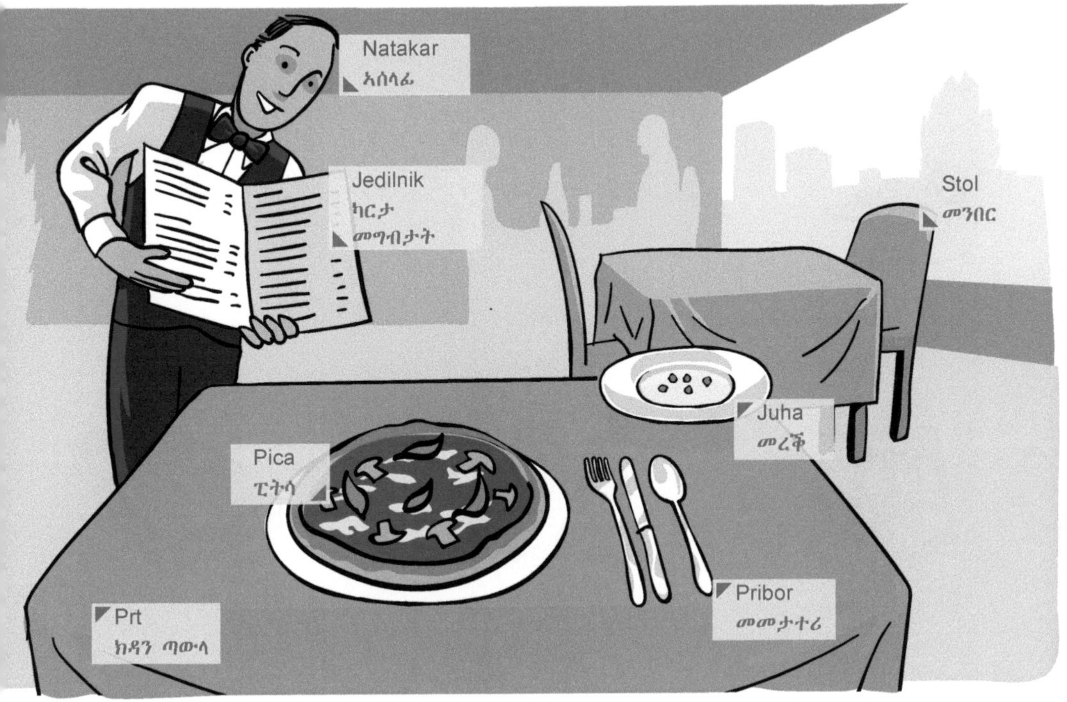
Natakar
ኣሰላፊ
Jedilnik
ካርታ
መግብታት
Stol
መንበር
Juha
መረቕ
Pica
ፒትሳ
Pribor
መመታተሪ
Prt
ክዳን ጣውላ

Predjed

ቅድመ ቀንዲ መግቢ

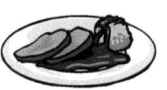

Glavna jed

ቀንዲ መኣዲ

Sladica

ድሕረ መግቢ

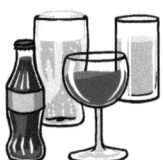

Pijače

መስተ

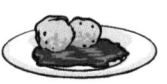

Hrana

መግቢ

Steklenica

ጥርሙዝ

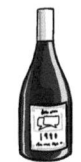

Hitra hrana

ስሉጥ መግቢ

Ulična hrana

መግቢ ጽርግያ

Čajnik

ብርጭቆ ሻሂ

Sladkornica

ታኒካ ሽኮር

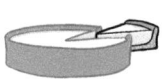

Porcija

ክፋል

Aparat za espresso

ማሺን ኤስፕሬሶ

Stolček za hranjenje

ነዊሕ መንበር

Račun

ጸብጻብ

Pladenj

ታብለት

Nož

ካራ

Vilica

ፉርከታ

Žlica

ማንካ

Čajna žlička

ማንካ ሻሂ

Servieta

ሰርሸየተ

Kozarec

ብኬሪ

Krožnik

ሸሓኒ

Globoki krožnik

ሸሓኒ መረቅ

Krožniček

ትሕቲ ኩባያ

Omaka

ጸብሒ

Solnica

ወሃቢ ጨው

Mlinček za poper

መጥሓን በርበረ

Kis

ኣቾቶ

Olje

ዘይቲ

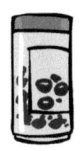

Začimbe

ቀመም

Kečap

ከቻፕ

Gorčica

ኣድሪ

Majoneza

ማዮኔዝ

Supermarket

ሱፐርማርክት

Posebna ponudba
ወፈያ
FOR
Stranka
ዓሚል
Mlečni izdelki
ፍርያታት ጸባ
Sadje
ፍረታት
Nakupovalni voziček
ሰረገላ ዱኳን

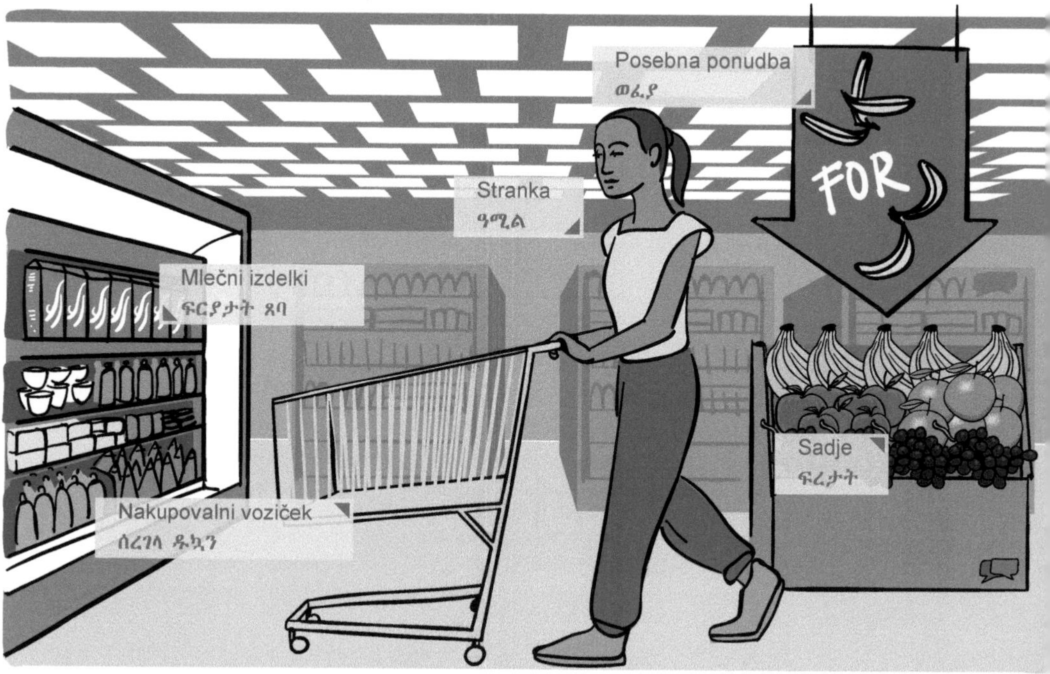

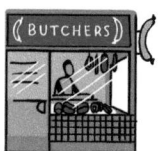

BUTCHERS

Mesnica

 እንዳ ስጋ

BAKERY

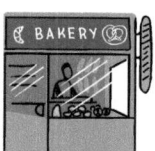

Pekarna

እንዳ ባኒ

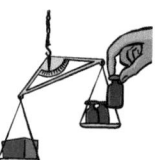

Tehtati

ክብደት

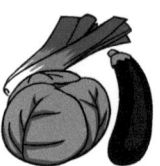

Zelenjava

ኣሕምልቲ

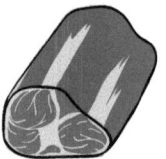

Meso

ስጋ

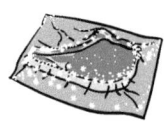

Zamrznjena hrana

መግቢ ፍሪጅ በረድ

Hladne mesnine

ዝሑል ቅሩብ መግቢ

Konzerve

እስታሳ

Pralni prašek

ኦሞ

Sladkarije

ምቁር መግቢ

Gospodinjski izdelki

ዘቤታውያን ኣቑሑ

Čistilno sredstvo

ናውቲ መጽረዪ

Prodajalka

ሽቃጣይ

Blagajna

ካሳ

Blagajnik

ተሓዝ ገንዘብ

Nakupovalni seznam

ዝርዝር ምግዛእ

Delovni čas

ክፉት ሰዓታት

Denarnica

ማሕፋዳ

Kreditna kartica

ክረዲት ካርድ

Torba

ሳንጣ

Plastična vrečka

ፌስታል

Voda

ማይ

Sok

ጽማቑ

Mleko

ጸባ

Kola

ኮላ

Vino

ነቢት

Pivo

ቢራ

Alkohol

ኣልኮል

Kakav

ካካው

Čaj

ሻሂ

Kava

ቡን

Espresso

ኤስፕሬሶ

Kapučino

ካፑቺኖ

Banana

ባናና

Jabolko

ቱፋሕ

Pomaranča

አራንጂ

Lubenica

ብርጭቆ

Limona

ለሚን

Korenje

ካሮት

Česen

ጸዕዳ ሽጉርቲ

Bambus

ባምቡስ

Čebula

ሽጉርቲ

Goba

ቅንጥሻ

Oreščki

ፉል

Rezanci

ፓስታ

Špageti

ስፓገቲ

Riž

ሩዝ

Solata

ሰላጣ

Ocvrt krompirček

ቅልዋ ድንሽ

Pečen krompir

ቅሉው ድንሽ

Pica

ፒትሳ

Hamburger

ሃምቡርገር

Sendvič

ሳኒኛ

Zrezek

ቢስተካ

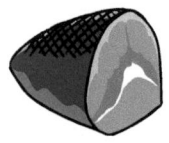

Šunka

ሰለፍ ሓሰማ

Salama

ሳላሚ

Klobasa

ግዕዝም

Piščanec

ደርሆ

Pečenka

ቀለወ

Riba

ዓሳ

Ovseni kosmiči

ገዓት

Musli

ሙስሊ

Koruzni kosmiči

ኮርንፍለይክስ

Moka

ሓርጭ

Rogljiček

ክሮሶን

Žemlja

ባኒ

Kruh

ባኒ

Prepečenec

ቶስት

Piškoti

ብሽኮቲ

Maslo

ጠስሚ

Skuta

ርጎኦ

Torta

ፓስተ

Jajce

እንቋቁሖ

Pečeno jajce na oko

ቅሉው እንቋቁሖ

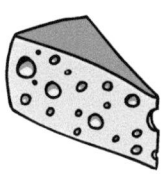

Sir

ፋርማጆ

Sladoled

አይስ ክሪም

Sladkor

ሽኩር

Med

መዓር

Marmelada

ጆም

Čokoladni namaz

ኑጋት-ክሪም

Kari

ኩሪ

Kmetija
ቤት ሕርሻ

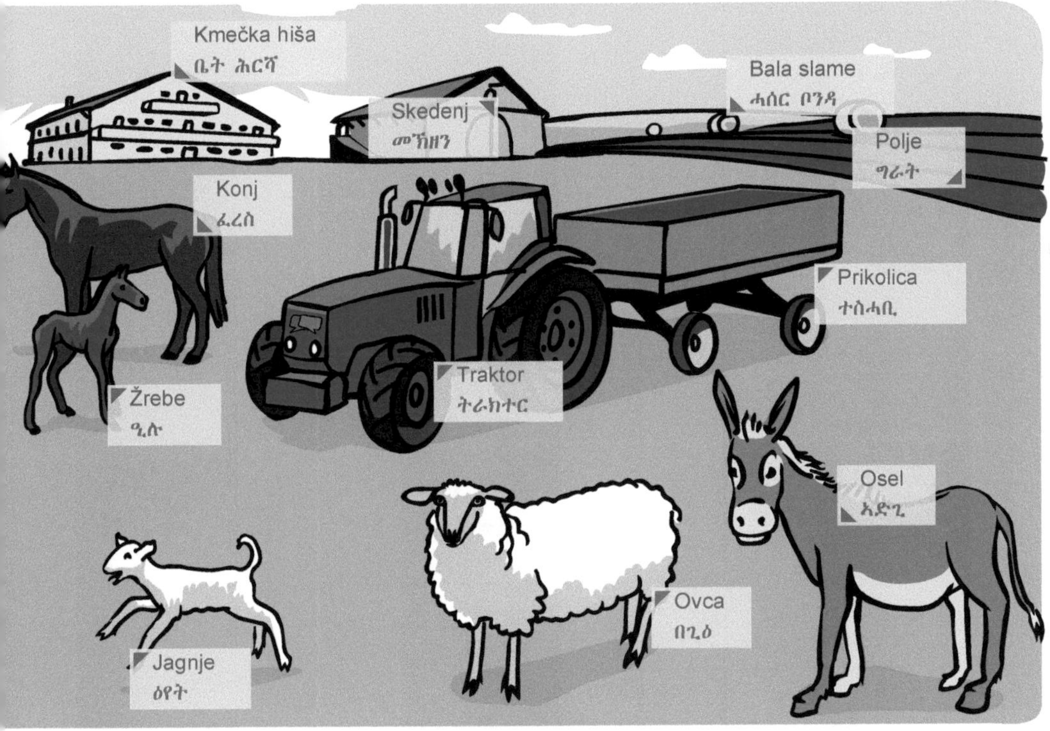
Kmečka hiša
ቤት ሕርሻ
Skedenj
መኽዘን
Bala slame
ሓሰር ቦንዳ
Polje
ግራት
Konj
ፈረስ
Prikolica
ተስሓቢ
Traktor
ትራክተር
Žrebe
ዒሉ
Osel
ኣድጊ
Ovca
በጊዕ
Jagnje
ዕየት

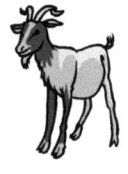

Koza

ጤል

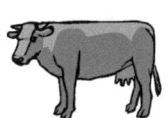

Krava

ብዕራይ

Tele

ምራኽ

Prašič

ሓሰማ

Pujsek

ውላድ ሓሰማ

Bik

ኣርሓ

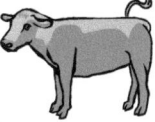

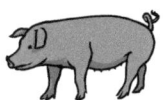

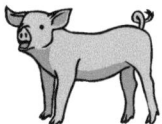

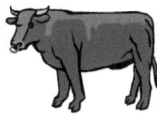

Gos

ዓሳ

Raca

ማይ ደርሆ

Piščanec

ጫቄት

Kokoš

ደርሆ

Petelin

አርሓ ደርሆ

Podgana

አንጨዋ ዓባይ

Mačka

ድሙ

Miš

አንጪዋ

Vol

ብዕራይ

Pes

ከልቢ

Pasja uta

አጉዶ ከልቢ

Cev za zalivanje

ቱባ ጀርዲን

Kangla za zalivanje

መዝፈፊ ማይ

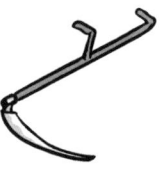

Kosa

ዓቢ ማዕጺድ

Plug

ማሕረሻ

Srp

ማዕጺድ

Motika

ጭኳሮ

Vile

መስአ

Sekira

ፋስ

Samokolnica

ዓረብያ ኢድ

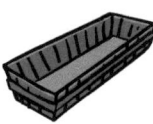

Korito

ጋብላ

Kangla za mleko

ብርጭቆ ጸባ

Vreča

ከሻ

Ograja

ሓጹር

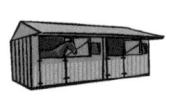

Hlev

መንሰስ

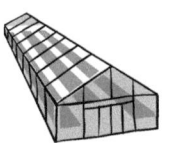

Rastlinjak

ቆጠልያ ገዛ

Prst

ባይታ

Seme

ዘርኢ

Gnojilo

ድኹዒ

Kombajn

ዘጣምር ቀውዓይ

Žeti

ቀው∙ዐ

Žetev

ጸጋ

Jam

ድንሽ ያም

Pšenica

ስርናይ

Soja

ሶያ

Krompir

ድንሽ

Koruza

ዕፉን

Oljna ogrščica

ራፕስ

Sadno drevo

ገረብ ፍረታት

Maniok

ማኒኦክ

Žito

አእኻል

Hiša

ገዛ

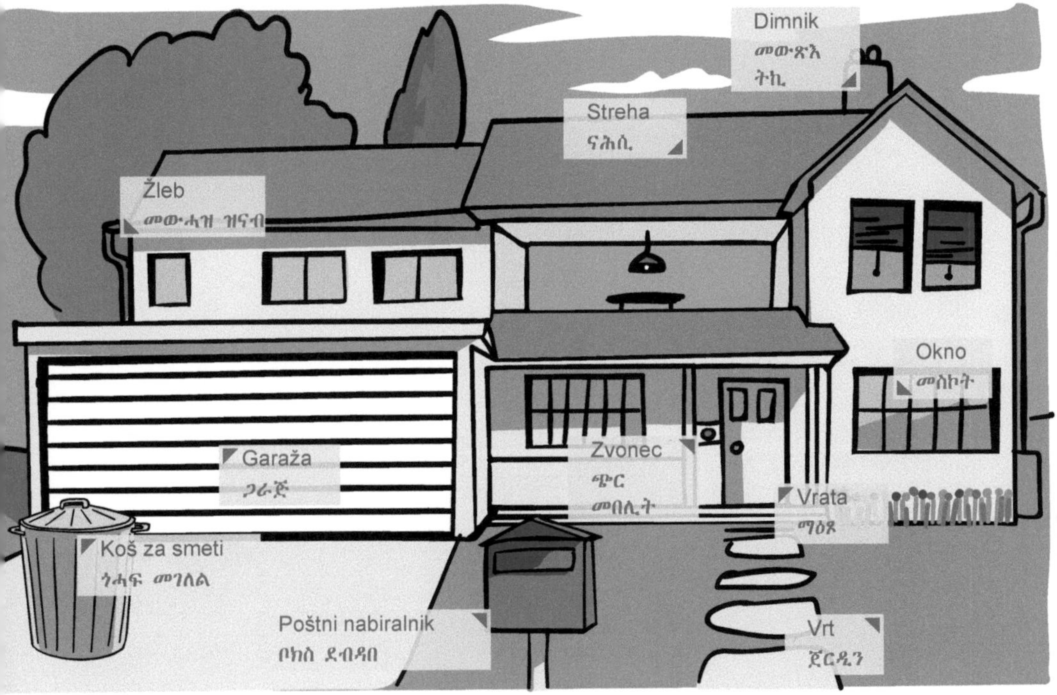

Dimnik
መውጽእ ትኪ
Streha
ናሕሲ
Žleb
መውሓዝ ዝናብ
Okno
መስኮት
Garaža
ጋራጅ
Zvonec
ጭር መበሊት
Vrata
ማዕጾ
Koš za smeti
ጎሓፍ መገለል
Poštni nabiralnik
ቦክስ ደብዳበ
Vrt
ጀርዲን

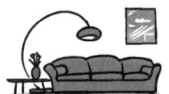

Dnevna soba

ክፍሊ ምቕማጥ

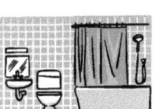

Kopalnica

ክፍሊ ባንዮ

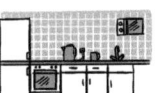

Kuhinja

ክሽነ

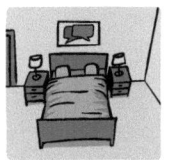

Spalnica

ክፍሊ መደቀሲ

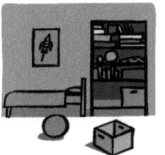

Otroška soba

ክፍሊ ቆልዑ

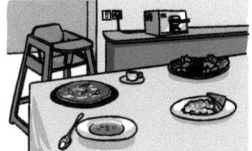

Jedilnica

መመገቢ ክፍሊ

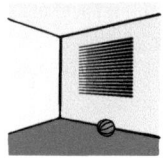

Tla

ባይታ

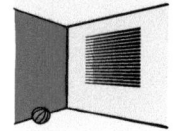

Stena

መንደቅ

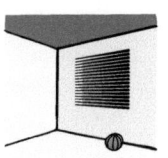

Strop

ከበርታ

Klet

ካንቲና

Savna

ሳውና

Balkon

ባልኮን

Terasa

ዛላ

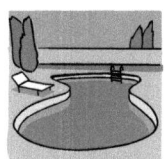

Bazen

መሕምበሲ

Kosilnica

መቖረጺ ሳዕሪ

Rjuha

ኣንሶላ ዓራት

Posteljno pregrinjalo

ከበርታ ዓራት

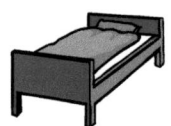

Postelja

ዓራት

Metla

መኾስተር

Vedro

መገለል

Stikalo

መወልዒት

Dnevna soba

ክፍሊ ምቕማጥ

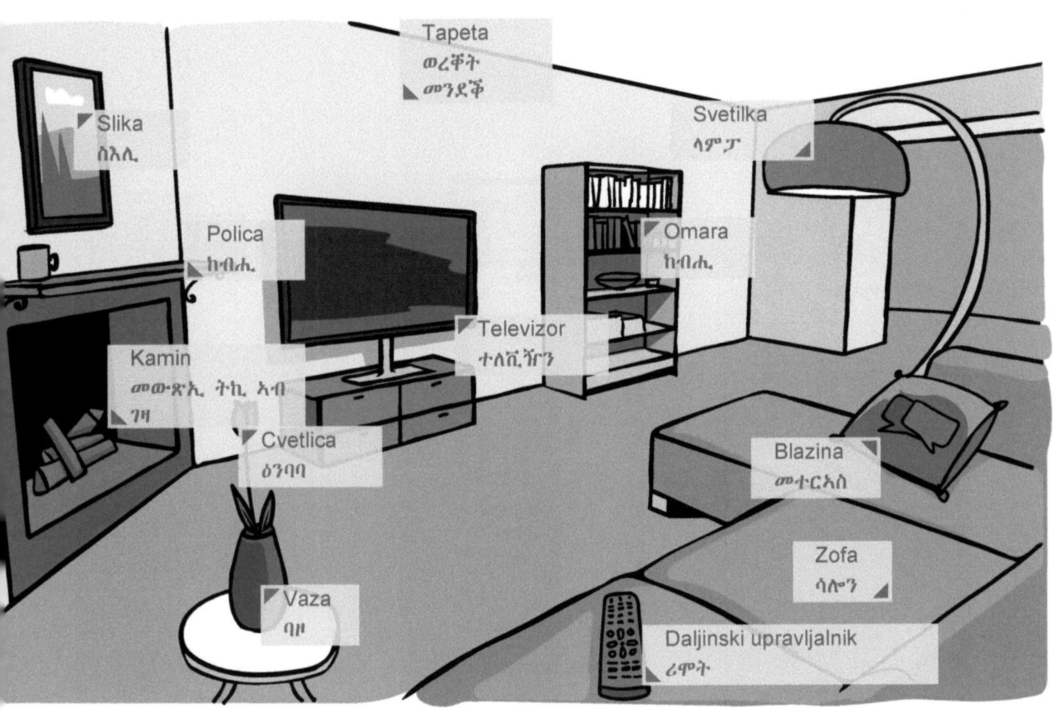
Tapeta
ወረቐት
መንደቕ
Slika
ስእሊ
Svetilka
ላምፓ
Polica
ከብሒ
Omara
ከብሒ
Televizor
ተለቪዥን
Kamin
መውጽኢ ትኪ ኣብ
ገዛ
Cvetlica
ዕንባባ
Blazina
መተርኣስ
Zofa
ሳሎን
Vaza
ባዞ
Daljinski upravljalnik
ሪሞት

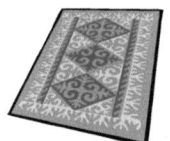

Preproga

መንጸፍ

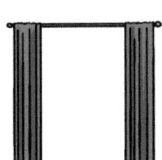

Zavesa

መጋረጃ

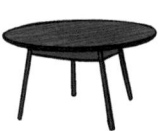

Miza

ጣውላ

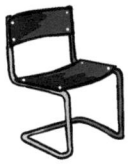

Stol

መንበር

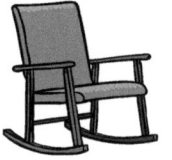

Gugalnik

ሰለል ዝብል መንበር

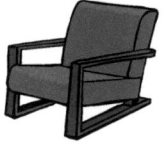

Naslanjač

መንበር ምቹእ

Knjiga

መጽሐፍ

Odeja

ከበርታ

Dekoracija

ስልማት

Drva

እንጨይቲ ሓዊ

Film

ፊልም

Glasbeni stolp

ስተረዮ

Ključ

መፍትሕ

Časopis

ጋዜጣ

Slika

ቅብአ

Plakat

ፖስተር

Radio

ረድዮ

Beležka

ጥራዝ

Sesalnik

መልገሲ ደርና

Kaktus

በለስ

Sveča

ሽምዓ

Kuhinja

ክሽነ

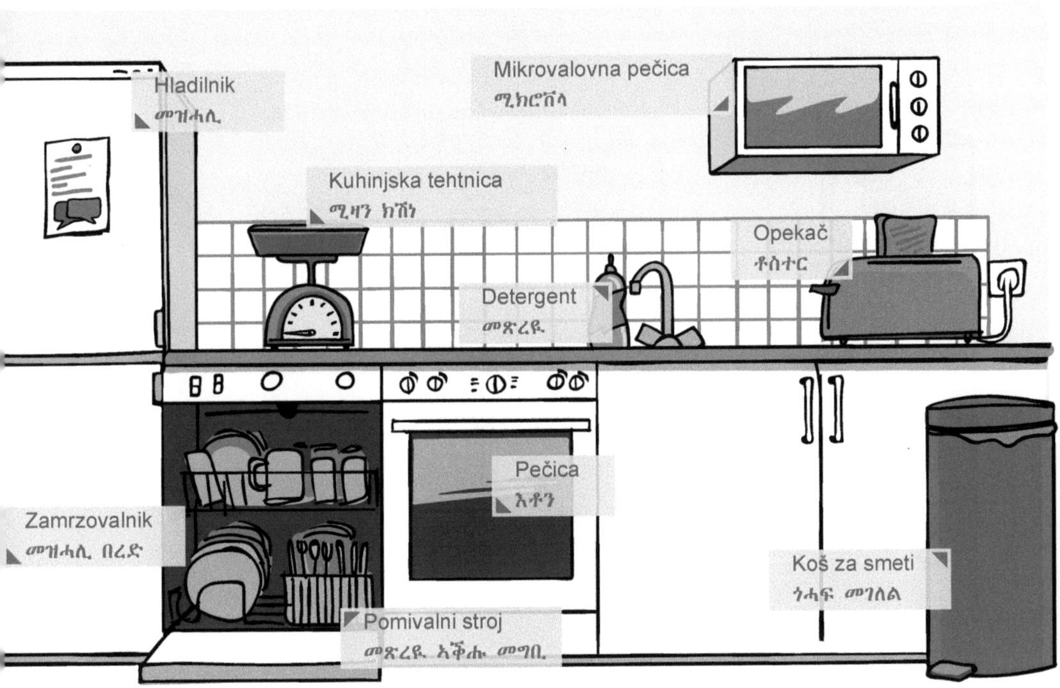
Hladilnik
መዝሓሊ
Mikrovalovna pečica
ሚክሮቨላ
Kuhinjska tehtnica
ሚዛን ክሽነ
Opekač
ቶስተር
Detergent
መጽረዪ
Pečica
እቶን
Zamrzovalnik
መዝሓሊ በረድ
Koš za smeti
ጎሓፍ መገለል
Pomivalni stroj
መጽረዪ ኣቕሑ መግቢ

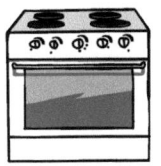

Kozica

መኸሸኒ

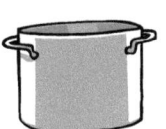

Lonec

ድስቲ

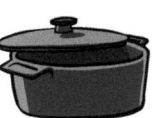

Litoželezni lonec

ድስቲ ሓጺን

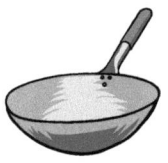

Vok / kadai

ቮክ/ካዳይ

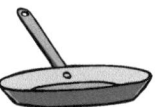

Ponev

ባደላ

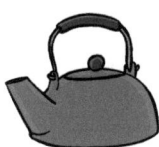

Kotliček

መውዓዪ ማይ

Parni kuhalnik

መፍልሒ

Pekač

ጓንቴራ ምስንካት

Posoda

ኣቑሑ መግቢ

Skodelica

ብርጭቆ

Skleda

ጭሓሎ

Jedilne paličice

ማንካቺና

Zajemalka

ማንካ መረቕ

Lopatica

መገልበጢ ባደላ

Metlica

መኹስተር ውርጪ

Cedilnik

መንፊት መግቢ

Cedilo

መንፊት

Strgalo

መፋሕፍሒ

Možnar

ሞርታር

Žar

ባርቢክዩ

Ognjišče

ስፍራ ሓዊ

Deska za rezanje

እንጨይቲ ምምታር

Valjar

እንጨይቲ ኩረር

Odpirač za steklenice

መኽፈት ቡሽ

Pločevinka

ታኒካ

Odpirač za konzerve

መኽፈቲ ታኒካ

Prijemalka za posodo

ጨርቂ ድስቲ

Korito

ቡምባ

Ščetka

አስባስላ

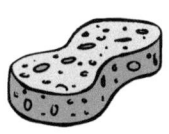

Goba

ሰፍነግ

Mešalnik

ሓዋሲ አደባላጄ

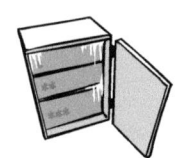

Zamrzovalna skrinja

መዝሓሊ በረድ

Steklenička

ጥርሙዝ ማማይ

Pipa

ቡምባ ማይ

Kopalnica

ክፍሊ ባንዮ

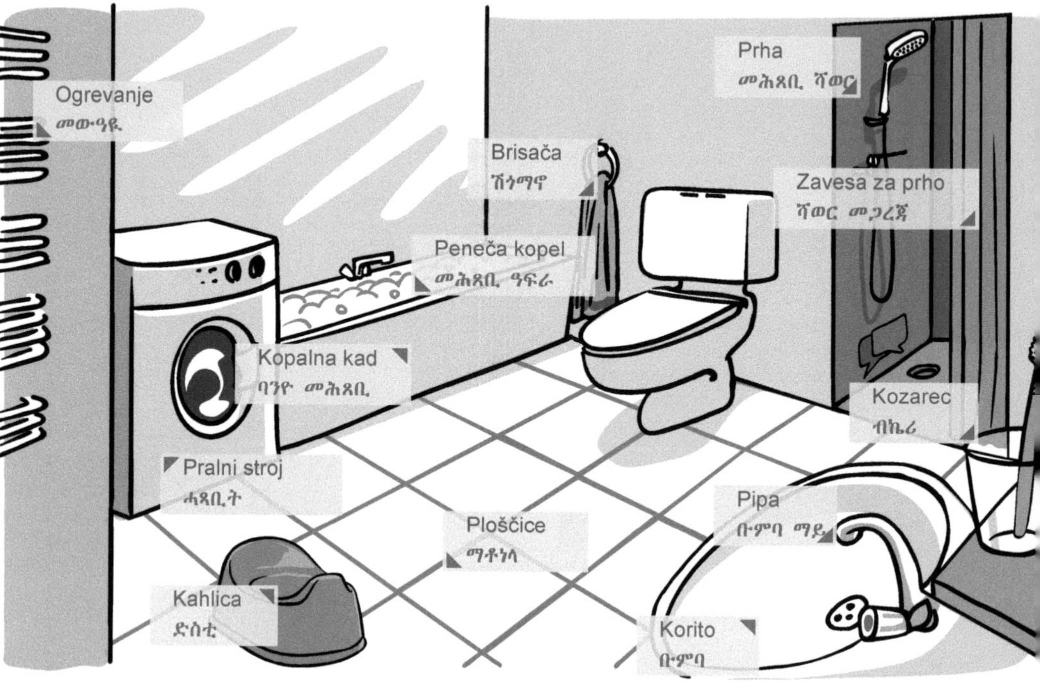
Ogrevanje
መውዓዪ
Prha
መሕጸቢ ሻወር
Brisača
ሽጎማኖ
Zavesa za prho
ሻወር መጋረጃ
Peneča kopel
መሕጸቢ ዓፍራ
Kopalna kad
ባንዮ መሕጸቢ
Kozarec
ብኬሪ
Pralni stroj
ሓጻቢት
Pipa
ቡምባ ማይ
Ploščice
ማቶነላ
Kahlica
ድስቲ
Korito
ቡምባ

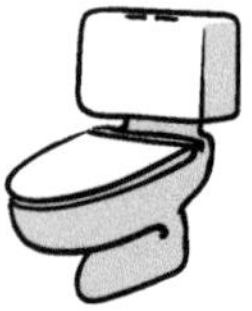

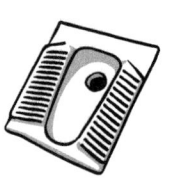

Stranišče

ሽቓቕ

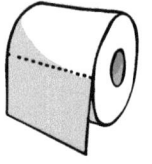

Stranišče na počep

ሽቓቕ ኮፍ

Bide

በዴ

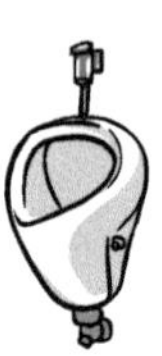

Pisoar

ሽቓቕ ተባዕታይ

Toaletni papir

ወረቐት ሽቓቕ

Ščetka za straniščno školjko

ኣስባስላ ሽቓቕ

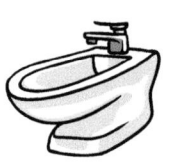

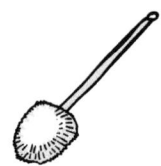

Zobna ščetka

አስባስላ ስኒ

Zobna pasta

ክሬማ ስኒ

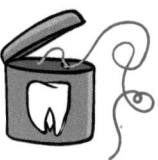

Zobna nitka

ሃሪ ስኒ

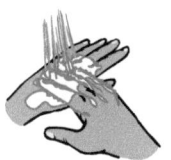

Umiti se

ሓጸበ

Ročna prha

ዱሽ ኢድ

Prha za intimne dele

ዱሽ

Umivalnik

ብርጭቆ ምሕጻብ

Krtača za hrbet

አስባስላ ሕቆ

Milo

ሳምና

Gel za prhanje

ሻወር ጄል

Šampon

ሻምፑ

Krpica za miljenje

ጨርቂ መሕጸቢ.

Odtok

መውሓዚ

Krema

ክሬማ

Deodorant

ደዮ ጨና

Ogledalo

መስትያት

Ročno ogledalo

ናይ ኢድ መስትያት

Britvica

መላጸ

Pena za britje

ዓፍራ ምልጻይ

Vodica po britju

ጨና ድሕሪ ምልጻይ

Glavnik

መመሽጥ

Ščetka

አስባስላ

Sušilnik za lase

መንቆጺ ጸግሪ

Lak za lase

ስፕረይ ጸግሪ

Ličila

መመላኽዒ

Šminka

ብርዒ ቀለም ከንፈር

Lak za nohte

አዝማልቶ

Vatirane blazinice

ጸምሪ ጡጥ

Škarjice za nohte

መስደዲ ጽፍሪ

Parfum

ጨና

Toaletna torbica

ሳንጣ መሕጸቢ.

Stol brez naslonjala

ድኳ

Osebna tehtnica

ሚዛን

Kopalni plašč

ክዳን መሕጸቢ.

Gumijaste rokavice

ጓንቲ መጸረዪ.

Tampon

ታምፓን

Damski vložki

ጨርቂ ሰበይቲ

Kemično stranišče

ሽቓቕ ከሚስትሪ

Otroška soba

ክፍሊ ቆልዑ

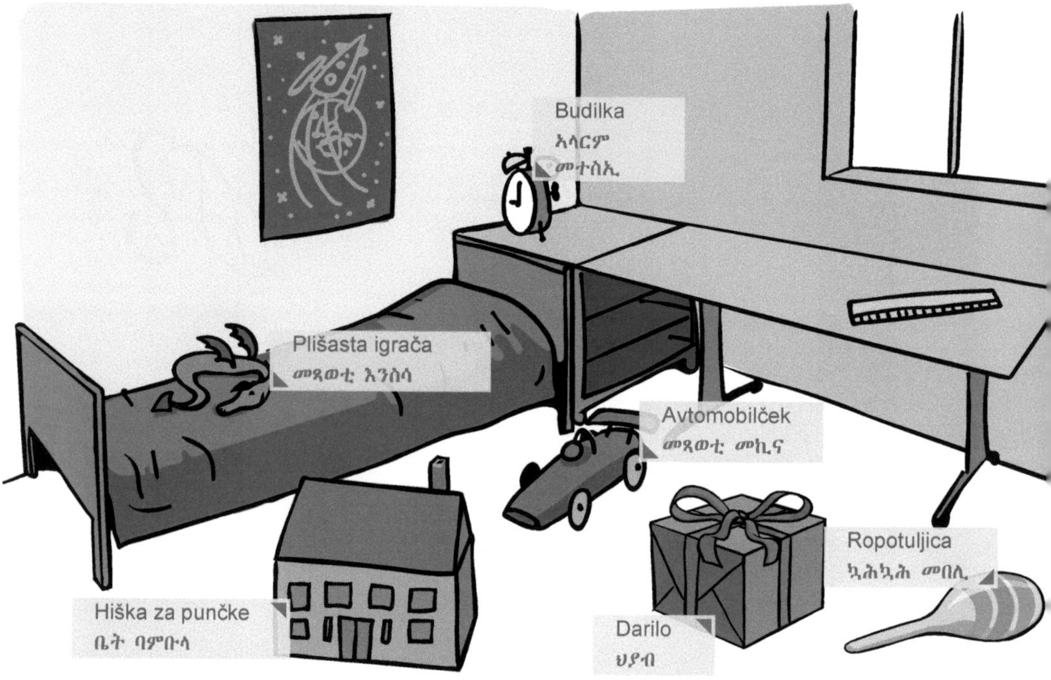

Budilka
ኣላርም መተስኢ
Plišasta igrača
መጻወቲ እንስሳ
Avtomobilček
መጻወቲ መኪና
Ropotuljica
ኳሕኳሕ መበሊ
Hiška za punčke
ቤት ባምቡላ
Darilo
ህያብ

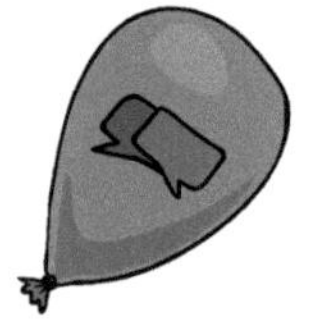

Balon

ባላንችና

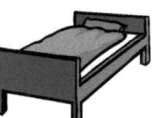

Postelja

ዓራት

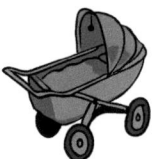

Otroški voziček

ሰረገላ ህጻን

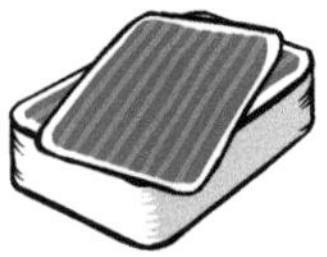

Igralne karte

ጸወታ ካርታ

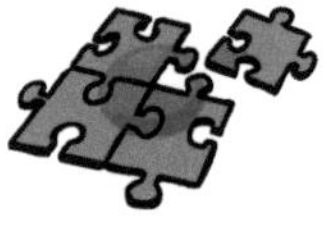

Sestavljanka

ሕንቅሊተይ

SUPER MEGA

Strip

ኮሜዲ

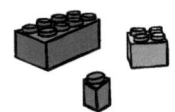

Lego kocke

እምንታት መጻወቲ ለጎ

Igralne kocke

መጻወቲ እምንታት

Akcijska figura

በዓል አክቸን

Bodi

ክዳን ማማይ

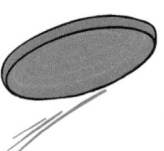

Frizbi

ፍሪስቢ

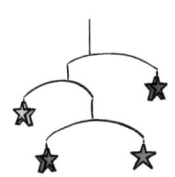

Vrtiljak za posteljico

ሞባይል ማማይ

Namizna igra

ጸወታ ሰሌዳ

Kocka

ኩቦ

Komplet modelov vlakov

ሞደል ባቡር ምድሪ

Duda

ዓባስ

Zabava

ፓርቲ

Slikanica

መጽሓፍ ስእሊ

Žoga

ኩዕሶ

Lutka

ባምቡላ

Igrati se

ተጻወተ

Peskovnik

መጻወቲ ሑጻ

Igrače

መጻወቲታት

Igralna konzola

ኮንሶል ቪድዮ

Tricikel

መጻወቲ ሰለስተ መንኮርኮር

Gugalnica

ሰላል

Plišasti medvedek

ተዲ

Garderoba

ከብሒ ክዳን

Oblačilo

ክዳን

Nogavice

ካልስታት

Samostoječe nogavice

ነዊሕ ካልስታት

Hlačne nogavice

ስረ ካልሲ

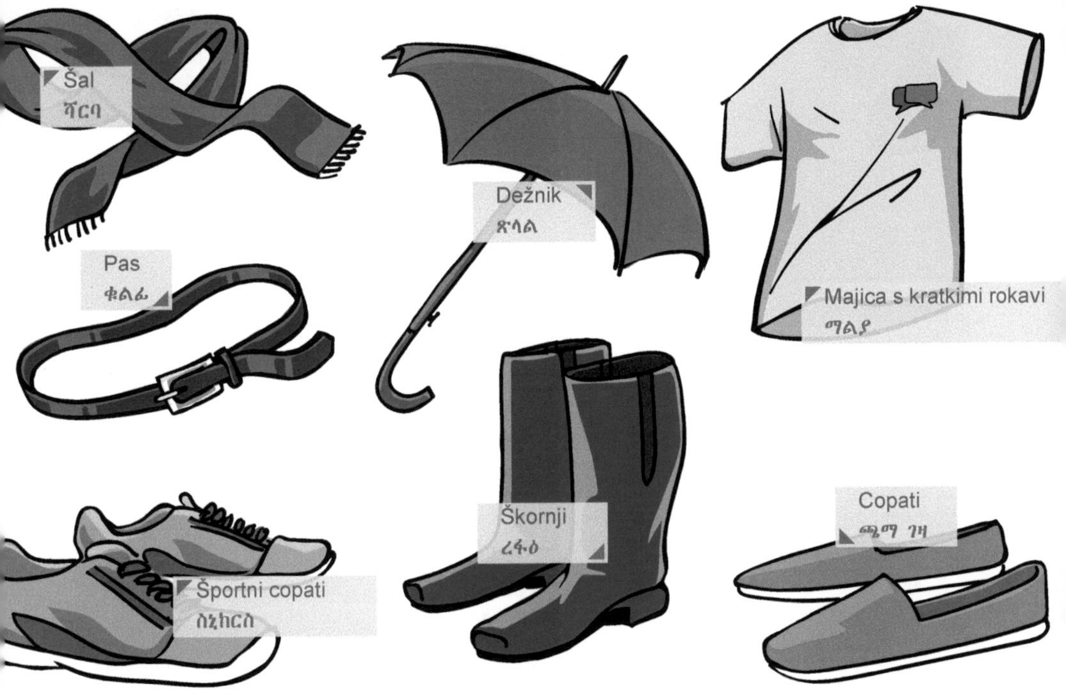

Šal
ሻርባ

Dežnik
ጽላል

Pas
ቁልፊ

Majica s kratkimi rokavi
ማልያ

Škornji
ረፋዕ

Copati
ጫማ ገዛ

Športni copati
ስኒከርስ

Sandali
ሽበጥ

Čevlji
ጫማ

Gumijasti škornji
ረፋዕ ጎማ

Spodnje hlače
ሙታንታ

Modrček
ክዳን ጡብ

Telovnik
ትሕተ ካሚቻ

Bodi

ቦዴ

Hlače

ስረ

Kavbojke

ጂንስ

Krilo

ቀምሽ

Bluza

ካምቻ

Srajca

ካሚቻ

Pulover

ጉልፎ

Pletena jopica

ጎልፎ

Jopa

ጃኬት

Jakna

ጃከት

Plašč

ጁባ

Dežni plašč

ክዳን ዝናብ

Kostim

ኮስቱም

Obleka

ቀምሽ

Poročna obleka

ቀምሽ መርዓ

Obleka
ልብሲ.

Spalna srajca
ካሚቻ ለይቲ

Pižama
ክዳን ለይቲ

Sari
ሳሪ

Naglavna ruta
መሃረብ ርእሲ.

Turban
ቱርባን

Burka
ቡርካ

Kaftan
ካፍታን

Abaja
አባያ

Kopalke
ክዳን መሕምበሲ.

Kopalne hlače
ስረ መሕምበሲ.

Kratke hlače
ሓጺር ስረ

Trenirka
ክዳን ታዕሊም

Predpasnik
በጃ ክዳን

Rokavice
ጓንቲ

Gumb

መልጎም

Očala

መነጽር

Zapestnica

በንናጅር

Verižica

ማዕተብ

Prstan

ቀለበት

Uhan

ኩ-ትሻ

Kapa

ቆብዕ

Obešalnik

መንበሪ ጁባ

Klobuk

ባርኔጣ

Kravata

ካርራሻት

Zadrga

ሻርኔጣ

Čelada

ሀልመት

Naramnice

መድልደል ስረ

Šolska uniforma

ድቢዛ ቤትትምህርቲ

Uniforma

ድቢዛ

Slinček

ሰደርያ ቆልዓ

Duda

ዓባስ

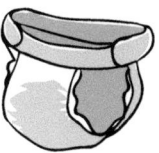

Plenica

ጨርቂ ማማይ

Pisarna

ቤት ጽሕፈት

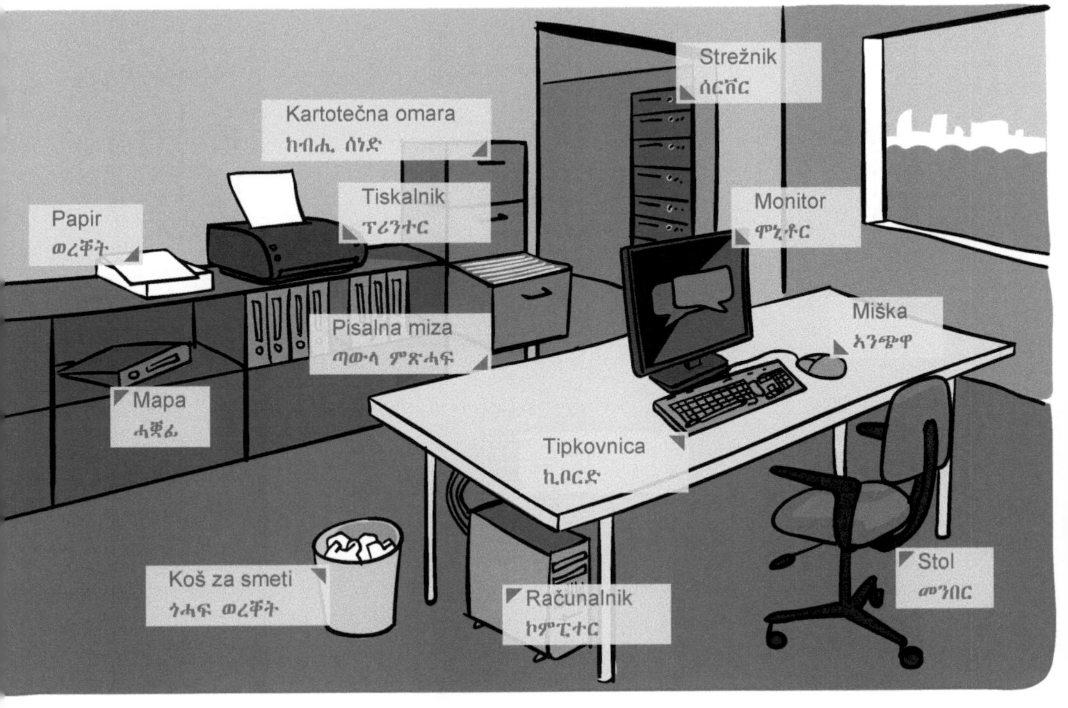

Strežnik
ሰርቨር

Kartotečna omara
ከብሒ ሰነድ

Tiskalnik
ፕሪንተር

Monitor
ሞኒቶር

Papir
ወረቐት

Miška
ኣንጭዋ

Pisalna miza
ጣውላ ምጽሓፍ

Mapa
ሓጀፊ

Tipkovnica
ኪቦርድ

Koš za smeti
ጎሓፍ ወረቐት

Stol
መንበር

Računalnik
ኮምፒተር

Lonček za kavo

ብርጭቆ ቡን

Kalkulator

ካልኩለተር

Internet

ኢንተርነት

Prenosnik

ለፕቶፕ

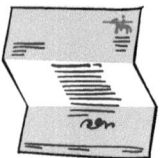

Pismo

ደብዳበ

Sporočilo

መልእኽቲ

Mobilnik

ሞባይል

Omrežje

ነትወርክ/መርበብ

Kopirni stroj

መቅድሒ ፎቶኮፒ

Programska oprema

ሶፍትዌር

Telefon

ተለፎን

Vtičnica

ሶከት ኳረንቲ

Telefaks

ፋክስ

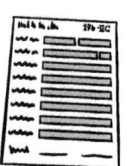

Obrazec

ፎርም

Dokument

ሰነድ

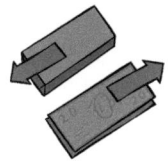

Kupiti

ገዝአ

Plačati

ከፈለ

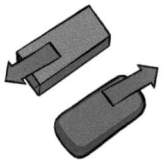

Trgovati

ንግዲ

Denar

ገንዘብ

Dolar

ዶላር

Evro

አይሮ

Jen

የን

Rubelj

ሩብል

Švičarski frank

ስዊዝ ፍራንከን

Kitajski juan renminbi

ረንሚንቢ ዩዋን

Rupija

ሩፕየ

Bankomat

መውጽኢ ማሺን ገንዘብ

Menjalnica

ቦታ ቅያር ገንዘብ

Zlato

ወርቂ

Srebro

ብሩር

Nafta

ዘይቲ

Energija

ሓይሊ

Cena

ዋጋ

Pogodba

ውዕል

Davek

ቀረጽ

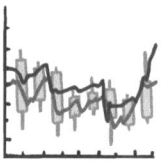

Delnice

እኩብ ጥሪ-ነገራት

Delati

ሰርሐ

Delojemalec

ሰራሕተኛ

Delodajalec

አስራሒ

Tovarna

ትካል

Trgovina

ዱኳን

Poklici

ሞያታት

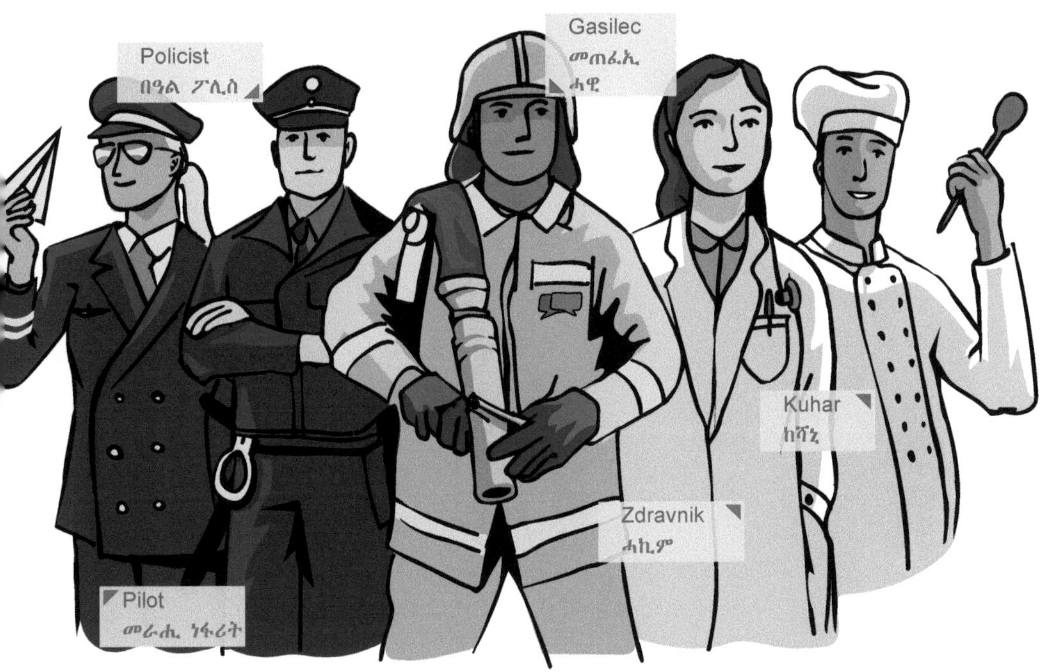
Policist
በዓል ፖሊስ
Gasilec
መጠፊኢ ሓዊ
Kuhar
ከሻኒ
Zdravnik
ሓኪም
Pilot
መራሒ ነፋሪት

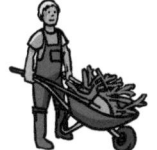

Vrtnar

ሰራሕተኛ ጀርዲን

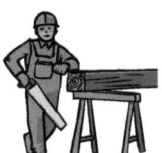

Mizar

ጸራቢ ዕንጸይቲ

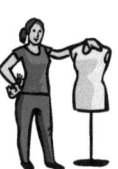

Šivilja

ሰፋይት

Sodnik

ፈራዳይ

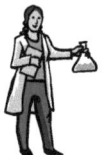

Kemik

ቀማሚ

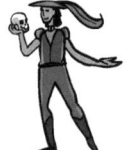

Igralec

ተዋሳኢ

Voznik avtobusa

መራሒ አዉቶቡስ

Taksist

አውቲስታ ታክሲ

Ribič

ገፋፊ ዓሳ

Čistilka

ጸራጊት

Krovec

ሃናጺይ ናሕሲ

Natakar

አሰላፊ

Lovec

ሃዳናይ

Pleskar

ሰአላይ

Pek

እንዳ ሕብስቲ

Električar

ኤለትሪከኛ

Gradbenik

ሃናጺ አባይቲ

Inženir

ሃንዳሲ

Mesar

ሰራሕተኛ እንዳ ስጋ

Vodovodni inštalater

ድራብሊኮ

Poštar

አማላላሲ ፖስጣ

Vojak

ወተሃደር

Arhitekt

መሃንድስ

Blagajnik

ተሓዝ ገንዘብ

Cvetličar

ሰራሕተኛ ዕምባባ

Frizer

ቀም ቃማይ

Sprevodnik

ፈተሪኖ

Mehanik

መካኒክ

Kapitan

መራሒ መርከብ

Zobozdravnik

ሓኪም ስኒ

Znanstvenik

ተመራማሪ

Rabin

ራቢ.

Imam

ኢማም

Menih

ፈላሲ.

Duhovnik

ቀሺ

Orodje

ናውቲ

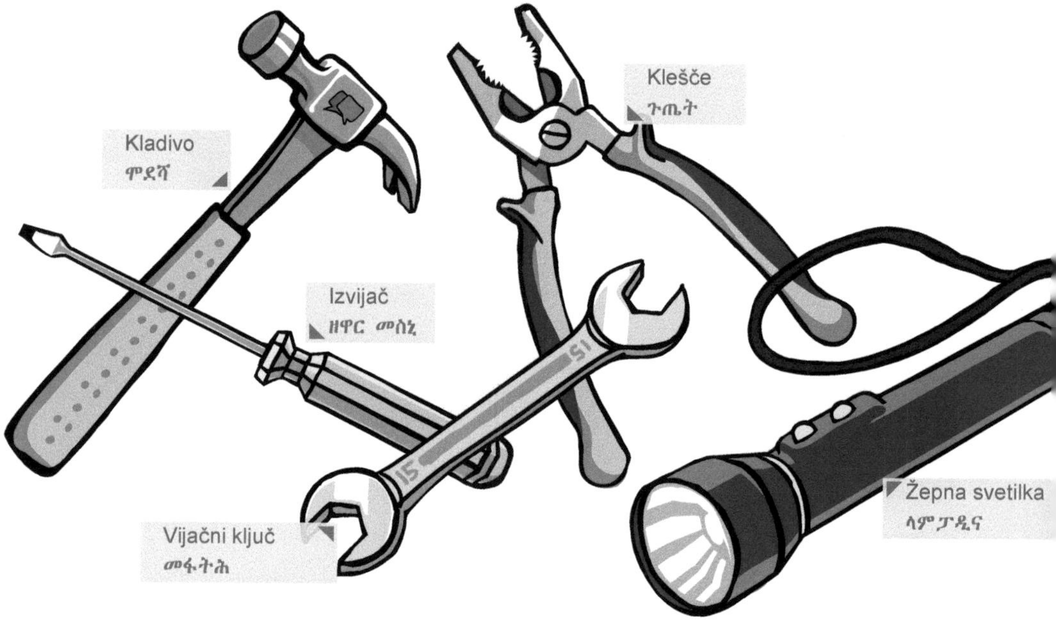

Kladivo
ሞደሻ
Klešče
ጉጤት
Izvijač
ዘዋር መስኒ
Vijačni ključ
መፍትሕ
Žepna svetilka
ላምፓዲና

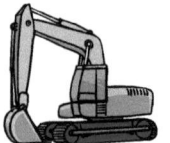

Bager

ፈሓሪ

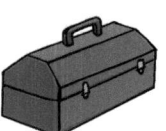

Zaboj z orodjem

ናውቲ ቦክስ

Lestev

መደያይቦ

Žaga

መጋዝ

Žeblji

መስማር

Vrtalnik

ኰዓቲ

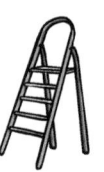

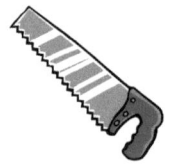

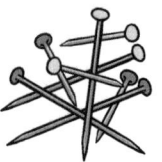

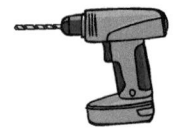

Popraviti

ም፡ራይ

Lopata

ባደላ

Šment!

አይ!

Smetišnica

መትሓዚ ዶሮና

Posoda z barvo

ድስቲ ቀለም

Vijaki

ካቻቢተ

Glasbeni instrument

መሳርሒ ሙዚቃ

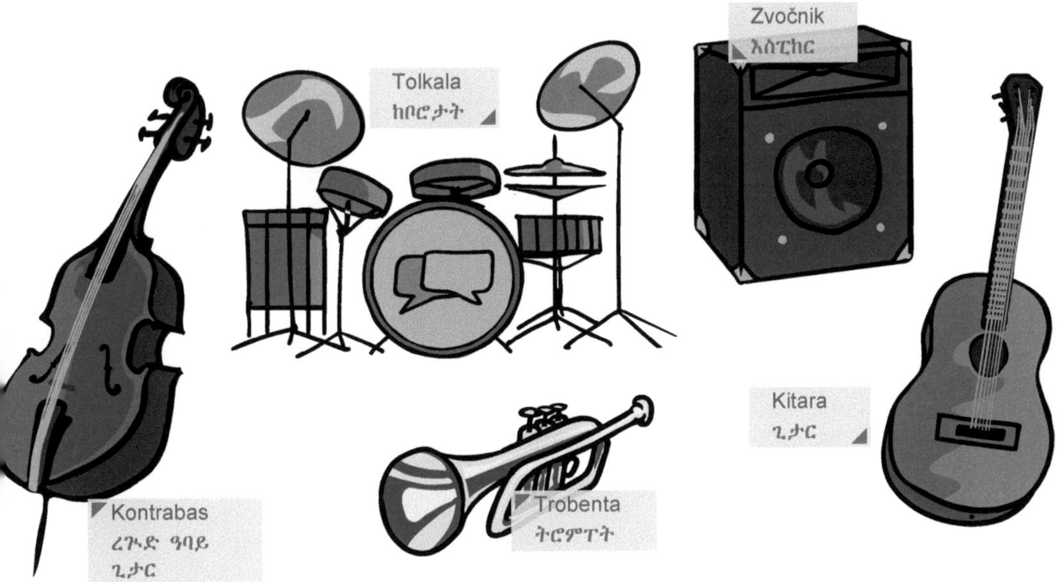

Zvočnik
እስፒከር

Tolkala
ከበሮታት

Kontrabas
ረጒድ ዓባይ
ጊታር

Trobenta
ትሮምፔት

Kitara
ጊታር

Klavir

ፒያኖ

Violina

ቫዮሊን

Bas kitara

ባስ ጊታር

Pavke

ቲምንኢ

Bobni

ከበሮ

Sintetizator

ኦርጋን

Saksofon

ሳክሶፎን

Flavta

ሻምብቆ

Mikrofon

ሚክሮፎን

Vhod
መእተዊ

Tiger
ነብሪ

Kletka
ጎብየ

Zebra
አድጊ በረኻ

Krma za živali
መግቢ እንስሳ

Panda
ፓንዳ

Živali

እንስሳታት

Slon

ሓርማዝ

Kenguru

ካንጋሩ

Nosorog

ሓሪሽ

Gorila

ጉሪላ

Medved

ድቢ

Kamela

ገመል

Noj

ሰገን

Lev

እንበሳ

Opica

ህበይ

Plamenec

ፍላሚንጎ

Papagaj

ሕንጻይ

Severni medved

ድቢ በረድ

Pingvin

ፐንጉን

Morski pes

ከልቢ ዓሳ

Pav

ጣውስ

Kača

ተመን

Krokodil

ሓርገጽ

Oskrbnik v živalskem vrtu

ሓላዊ ቤት ገርድሽ

Tjulenj

ዓሳ ዚምገብ እንስሳ ባሕሪ

Jaguar

ጃጓር

Poni

ሓጺር ፈረስ

Leopard

ነብሪ

Povodni konj

ጉማረ

Žirafa

ጂራፍ

Orel

ሲላ

Divji prašič

መፍለስ

Riba

ዓሳ

Želva

ጎብየ

Mrož

ዋልሩስ

Lisica

ወኻርያ

Gazela

ሰስሓ

Ameriški nogomet
ናይ አሜሪካ ኩዕሶ እግሪ

Kolesarjenje
ምዝዋር ብሽግለታ

Tenis
ተኒስ

Košarka
ባስክትባል

Plavanje
ምሕምባስ

Boks
ቦክሲንግ

Hokej
ሆኪ በረድ

Nogomet
ኩዕሶ እግሪ

Badminton
ባድሚንቶን

Atletika
እስፖርታዊ ንጥፈታት

Rokomet
ኩዕሶ ኢድ

Smučanje
ስኪ

Polo
ፖሎ

Dejavnosti

ንጥፈታት

Skočiti
ነጠረ
Objeti
ሓቖፈ
Smejati se
ሰሓቐ
Hoditi
ከደ
Peti
ደረፈ
Sanjati
ሓለመ
Moliti
ጸለየ
Poljubiti
ሰዓመ

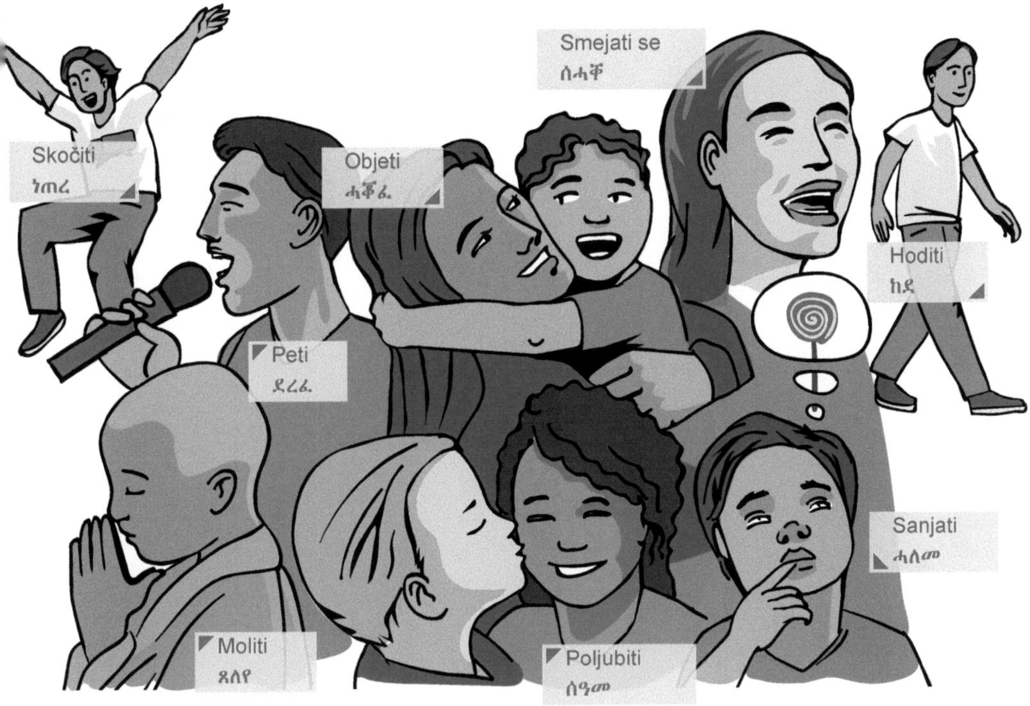

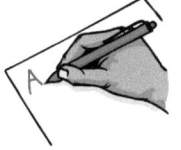

Pisati

ጻሓፈ

Risati

ሰኣለ

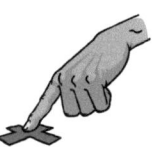

Pokazati

ኣርኣየ

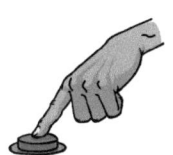

Potisniti

ደፍአ

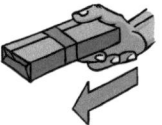

Dati

ሃበ

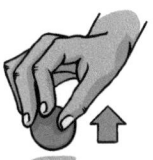

Vzeti

ወሰደ

Imeti

አለው

Narediti

ገበረ

Biti

ኮነ

Stati

ጠጠው በለ

Teči

ጎየየ

Vleči

ሰሓበ

Vreči

ሰንደወ

Pasti

ወደቐ

Ležati

ሓሰወ

Čakati

ተጸበየ

Nositi

ሰከም

Sedeti

ኮፍ በለ

Obleči se

ተኸድነ

Spati

ደቀሰ

Zbuditi se

ተስአ

Gledati

ረአየ

Jokati

በኸየ

Božati

ብኣጻብዑ ደረዘ

Česati se

መሽጠ

Govoriti

ተዛረበ

Razumeti

ተረድአ

Vprašati

ሓተተ

Poslušati

ሰምዐ

Piti

ሰተየ

Jesti

በልዐ

Pospraviti

ኣጽመጠ

Ljubiti

ኣፍቀረ

Kuhati

ከሽነ

Voziti

ዘወረ

Leteti

ነፈረ

Jadrati

ብመርከብ ገየሽ

Računanje

ደመረ

Brati

አንበበ

Učiti se

ተመሃረ

Delati

ሰርሐ

Poročiti se

መርዓወ

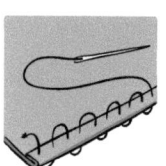

Šivati

ሰፈየ

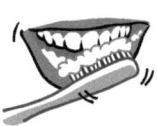

Ščetkati si zobe

ጽሬት አስናን

Ubiti

ቀተለ

Kaditi

ሽጋራ ተከኸ

Poslati

ሰደደ

Stara mati
ዓባየ

Stari oče
አቦሓጎ

Oče
አቦ

Mati
አደ

Dojenček
ማማይ

Hči
ጓል

Sin
ወዲ

Gost

ጋሻ

Teta

ሓትኖ

Stric

አኮ

Brat

ሓው

Sestra

ሓፍቲ

Telo

ኣካላት

Čelo
ግንባር
Oko
ዓይኒ
Obraz
ገጽ
Brada
መንከስ
Prst
ኣጻብዕ
Dlan
ኢድ
Rama
መንኩብ
Noga
ሸፋን እግሪ
Prsi
ኣፍ-ልቢ
Roka
ምናት

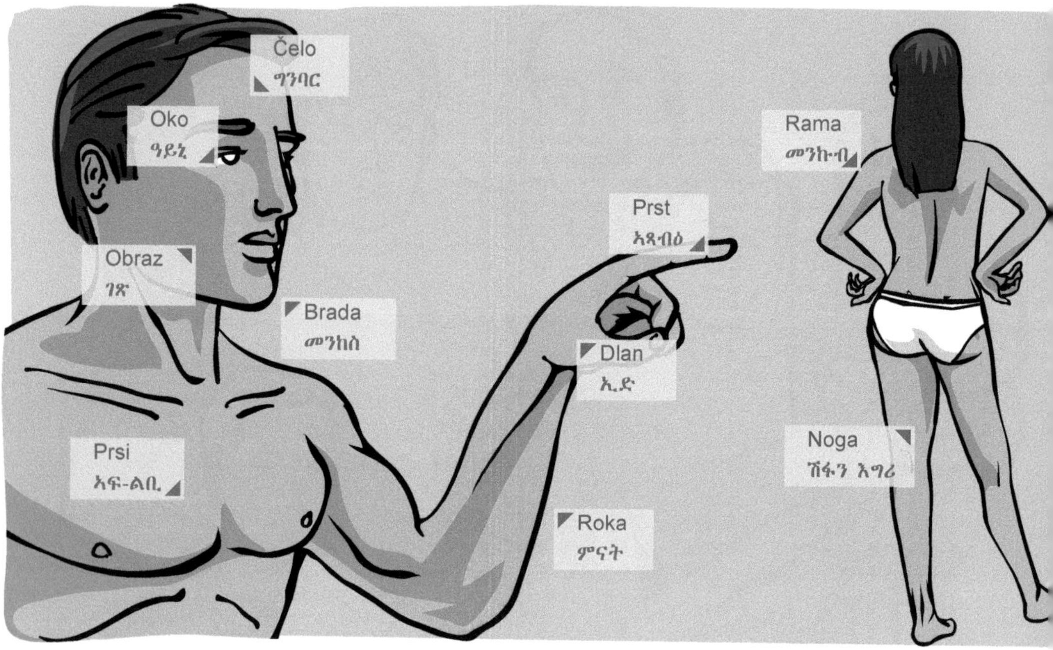

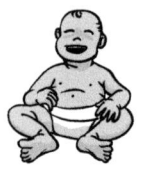

Dojenček

ማማይ

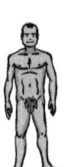

Človek

ሰብኣይ

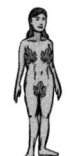

Ženska

ሰበይቲ

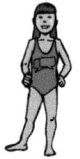

Dekle

ጓል

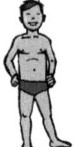

Fant

ወዲ

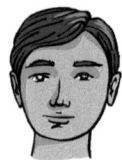

Glava

ርእሲ

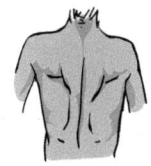

Hrbet

ሕቖ

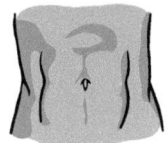

Trebuh

ከስዐ

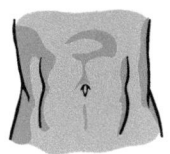

Popek

ሕምብርቲ

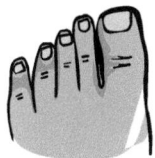

Prst na nogi

አጻብዕ እግሪ

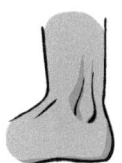

Peta

ኩርኵረ

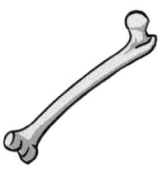

Kost

ዓጽሚ

Kolk

ምሕኮልቲ

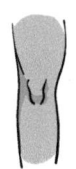

Koleno

ብርኪ

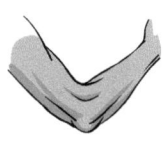

Komolec

ፍግፍጐ

Nos

አፍንጫ

Zadnjica

መዓኮር

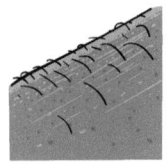

Koža

ቆርበት

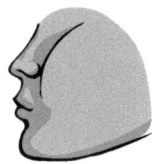

Lice

ምዕጉርቲ

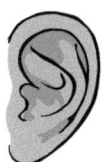

Uho

እዝኒ

Ustnica

ከንፈር

Usta

አፍ

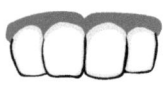

Zob

ስኒ

Jezik

መልሓስ

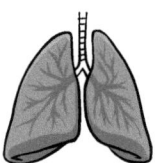

Možgani

ሓንጎል

Srce

ልቢ

Mišica

ጭዋዳ

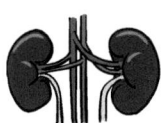

Pljuča

ሳንቡእ

Jetra

ጸላም ከብዲ

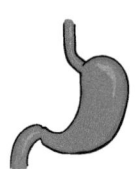

Želodec

ከብዲ

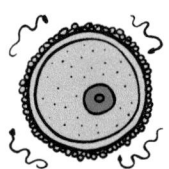

Ledvice

ኮሊት

Spolni odnos

ግብረ ስጋ

Kondom

ኮንዶም

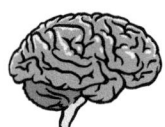

Jajčece

እንቋቑሖ

Semenska tekočina

ዘርኢ ተባዕታይ

Nosečnost

ጥንሲ

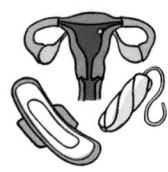

Menstruacija

ጽግያት

Vagina

ርሕሚ

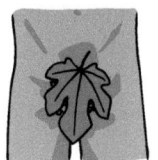

Penis

መትሎ

Obrv

ሽፋሽፍቲ

Lasje

ጸጉሪ

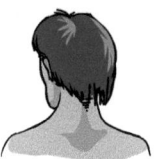

Vrat

ክሳድ

Bolnišnica
ሆስፒታል

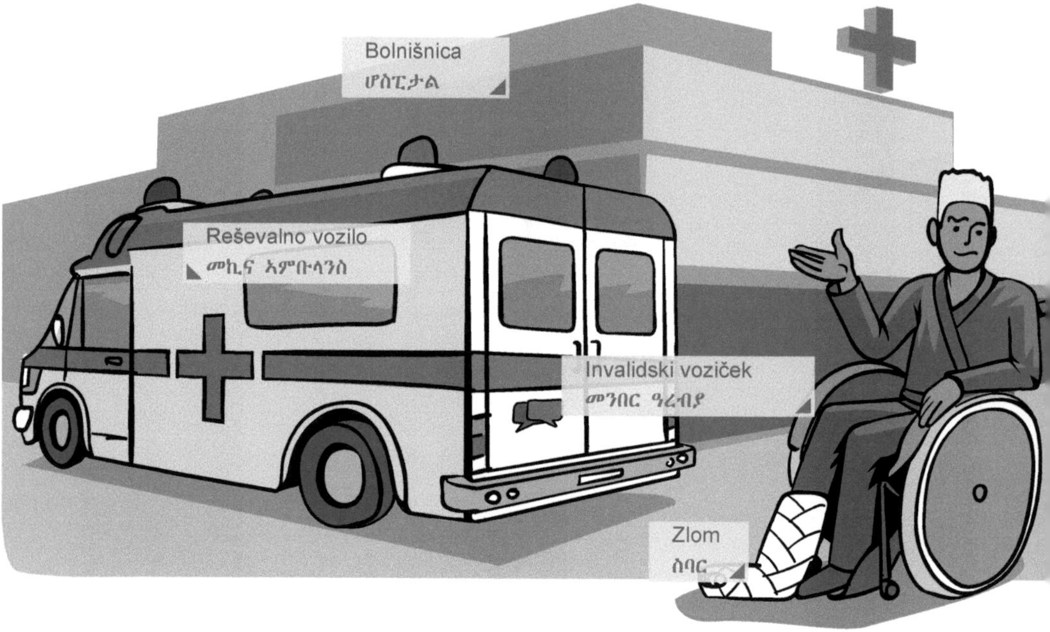

Bolnišnica
ሆስፒታል
Reševalno vozilo
መኪና ኣምቡላንስ
Invalidski voziček
መንበር ዓረብያ
Zlom
ስባር

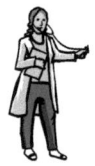

Zdravnik

ሓኪም

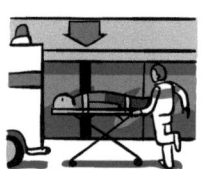

Urgenca

ክፍሊ ህጹጽ ረድኤት

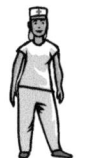

Medicinska sestra

ኣላይት

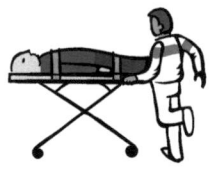

Nujni primer

ህጹጽ ኩነት

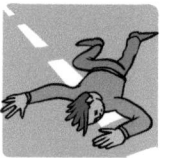

Nezavesten

ውነኡ ዘጥፍአ

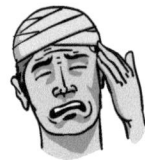

Bolečina

ቃንዛ

Poškodba

ጉድኣት

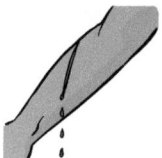

Krvavenje

ደም

Srčni infarkt

ማህረምቲ

Kap

ማህረምቲ

Alergija

ኣለርጃ

Kašelj

ሰዓል

Vročina

ረስኒ

Gripa

ኡ-ንፍልወንዛ

Driska

ውጽኣት

Glavobol

ቃንዛ ርእሲ

Rak

መንሽሮ

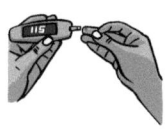

Sladkorna bolezen

ሹኮርያ

Kirurg

ሓኪም መጥባሕቲ

Skalpel

መጥብሒ

Operacija

መጥባሕቲ

CT

CT

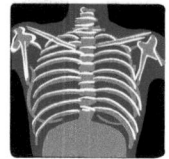

Rentgen

ራጂ

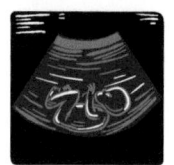

Ultrazvok

ልዕለ ድምጻዊ

Obrazna maska

መሸፈኒ ገጽ

Bolezen

ሕማም

Čakalnica

ክፍሊ ምጽባይ

Bergla

ምርኩስ

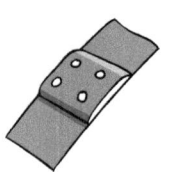

Obliž

መጅነኒ ቐስሊ

Preveza

መጅነኒ

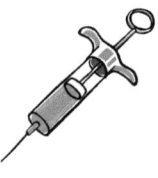

Injekcija

መርፍዕ ምውጋእ

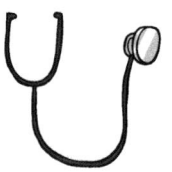

Stetoskop

ስተቶስኮፕ

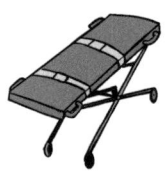

Nosila

መሰከሚ ሕማም

Klinični termometer

ቴርሞመተር

Porod

ትውልዲ

Prekomerna teža

ልዕለ-ሚዛን

Slušni pripomoček

ሓገዝ ምስማዕ

Razkužilo

ኣንጻሒ

Okužba

ልበዳ

Virus

ቫይረስ

HIV / AIDS

ኤድስ

Medicina

ሕክምና

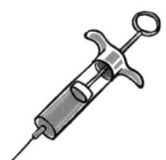

Cepljenje

ክታብ

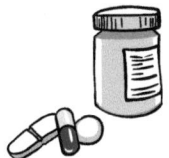

Tablete

ክኒና

Tableta

ክኒና

Klic v sili

ህጹጽ ምድዋል

Merilnik krvnega tlaka

መዕቀኒ ጸቕጢ ደም

bolano / zdravo

ሕሙም / ጥዑይ

Na pomoč!

ሓገዝ

Alarm

ኣላርም

Napad

ምህጃም

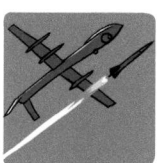

Napad

መጥቃዕቲ

Nevarnost

ድንገት

Izhod v sili

ህጹጽ መውጽኢ

Gori!

ሓዊ!

Gasilni aparat

መጥፍኢ ሓዊ

Nezgoda

ሓደጋ

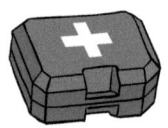

Komplet za prvo pomoč

ሳንጣ ቀዳማይ ረድኤት

SOS

SOS

Policija

ፖሊስ

Evropa

ኤውሮጳ

Severna Amerika

ሰሜን አመሪካ

Južna Amerika

ደቡብ አመሪካ

Afrika

አፍሪቃ

Azija

ኤስያ

Avstralija

አውስትራልያ

Atlantski ocean

አትላንቲክ

Tihi ocean

ፓሲፊክ

Indijski ocean

ህንዳዊ ዉቅያኖስ

Južni ocean

አንታርቲካዊ ዉቅያኖስ

Arktični ocean

አርክቲካዊ ዉቅያኖስ

Severni tečaj

ሰሜናዊ ዋልታ

Južni tečaj

ደቡባዊ ዋልታ

Antarktika

አንታርቲካ

Zemlja

ምድሪ

Kopno

መሬት

Morje

ባሕሪ

Otok

ደሴት

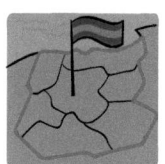

Narod

ሃገር

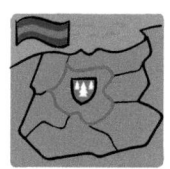

Država

ዓዲ

78

Zemlja - ምድሪ

Številčnica

ገጽ ሰዓት

Urni kazalec

ኣመልካቲ ሰዓታት

Minutni kazalec

ኣመልካቲ ደቃይቕ

Sekundni kazalec

ኣመልካቲ ካልኢት

Koliko je ura?

ሰዓት ክንደይ ኣሎ?

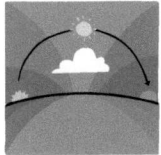

Dan

መዓልቲ

Čas

ግዜ

Zdaj

ሕጂ

Digitalna ura

ዲጊታል ሰዓት

Minuta

ደቒቕ

Ura

ሰዓት

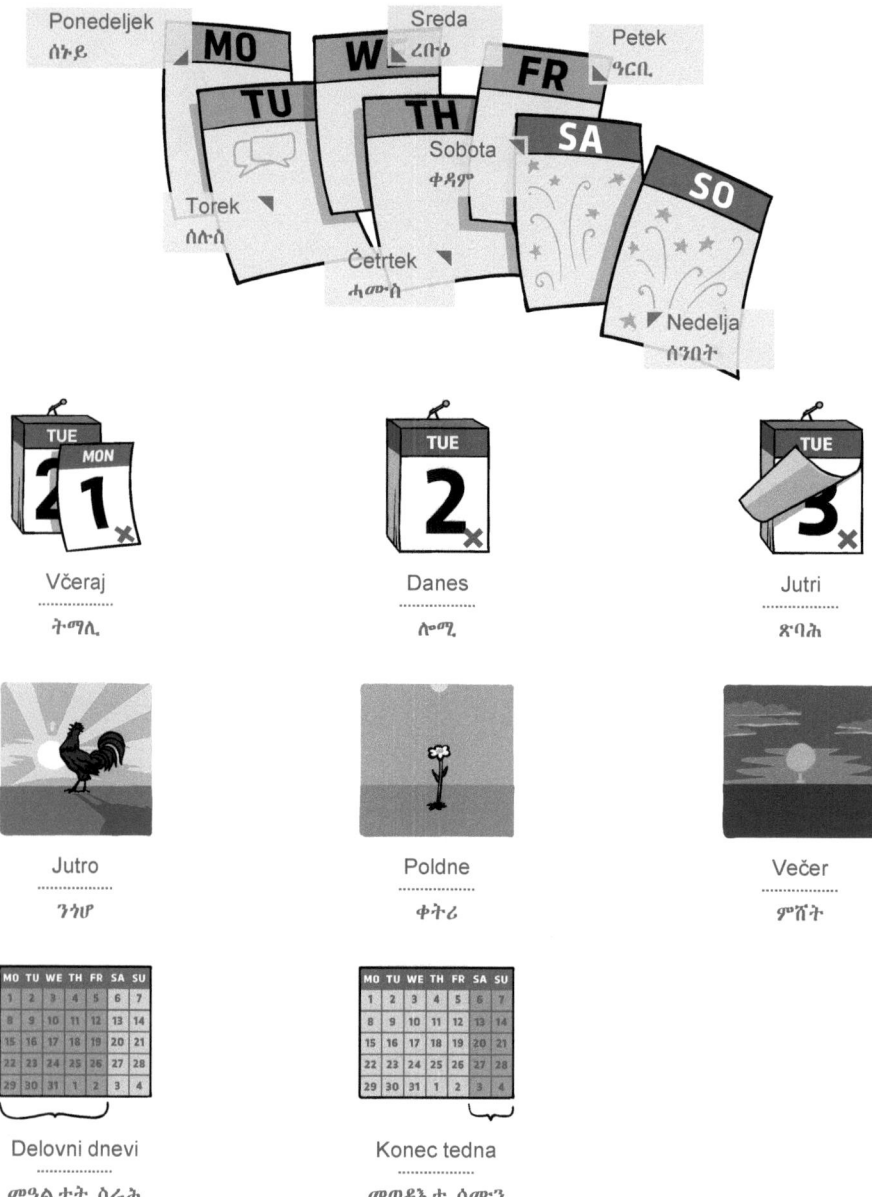

Ponedeljek
ሰኑይ

Sreda
ረቡዕ

Petek
ዓርቢ

MO

W

FR

TU

TH

SA

Torek
ሰሉስ

Sobota
ቀዳም

SO

Četrtek
ሓሙስ

Nedelja
ሰንበት

Včeraj
ትማሊ

Danes
ሎሚ

Jutri
ጽባሕ

Jutro
ንጎሆ

Poldne
ቀትሪ

Večer
ምሸት

MO	TU	WE	TH	FR	SA	SU
1	2	3	4	5	6	7
8	9	10	11	12	13	14
15	16	17	18	19	20	21
22	23	24	25	26	27	28
29	30	31	1	2	3	4

Delovni dnevi
መዓልታት ስራሕ

MO	TU	WE	TH	FR	SA	SU
1	2	3	4	5	6	7
8	9	10	11	12	13	14
15	16	17	18	19	20	21
22	23	24	25	26	27	28
29	30	31	1	2	3	4

Konec tedna
መወዳእታ ሰሙን

Leto

ዓመት

Dež
ዝናብ
Mavrica
ቀስተ-ደመና
Veter
ንፋስ
Sneg
በረድ
Pomlad
ጽድያ
Jesen
ቀውዒ
Poletje
ሓጋይ
Zima
ክረምቲ

4.APRIL 11°
5.APRIL 4°
6.APRIL 13°
7.APRIL 8°
8.APRIL 10°

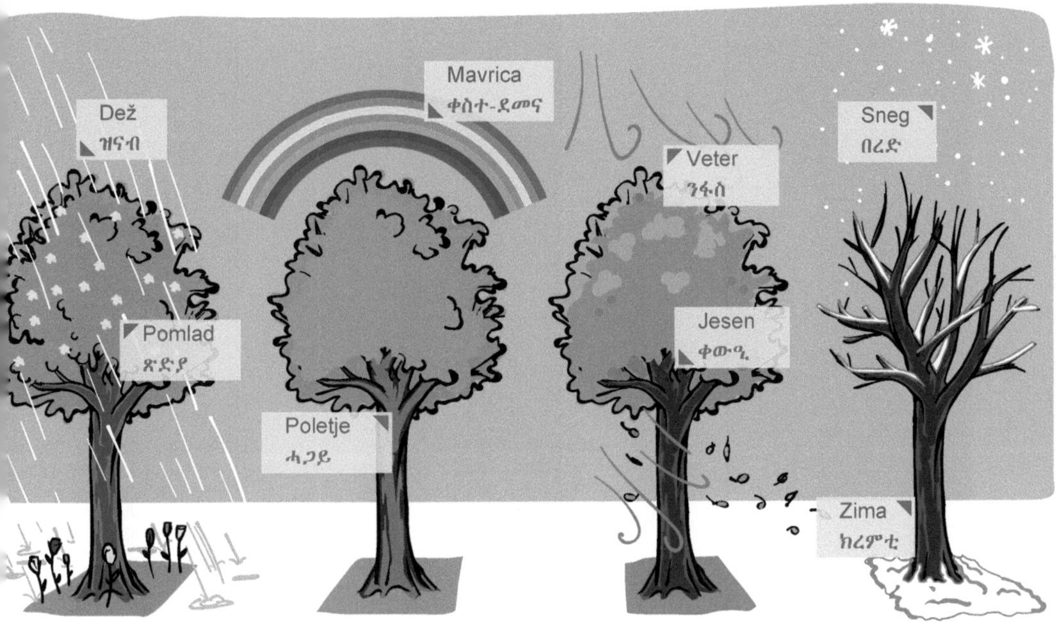

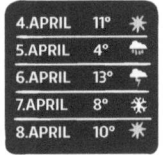

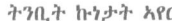

Vremenska napoved

ትንቢት ኩነታት ኣየር

F C
120 90 60 30 0 -30
40 30 20 10 0 -10 -20

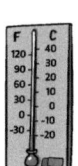

Termometer

ቴርሞመተር

Sončna svetloba

ብርሃን ጸሓይ

Oblak

ደበና

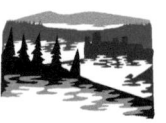

Megla

ግመ

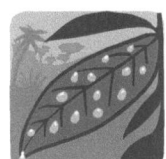

Vlažnost

ጠሊ

Strela

ብርቂ

Grom

ነጕዳ

Nevihta

ህቦብላ

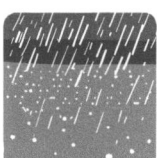

Toča

በረድ

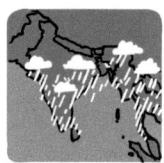

Monsun

ብርቱዕ ህቦብላ

Poplava

ውሕጅ

Led

በረድ

Januar

ጥሪ

Februar

ለካቲት

Marec

መጋቢት

April

ሚያዝያ

Maj

ጉንበት

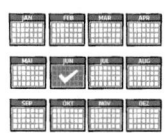

Junij

ሰነ

Julij

ሓምለ

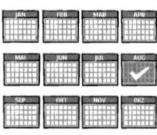

Avgust

ነሓሰ

September
....
መስከረም

Oktober
....
ጥቅምቲ

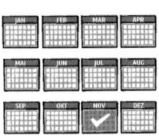

November
....
ሕዳር

December
....
ታሕሳስ

Oblike

ቅርጻታት

Krogla
....
ዙርያ

Kvadrat
....
ትርብዒት

Pravokotnik
....
ቅኑዕ ርቡዕ ኩርናዕ

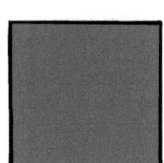

Trikotnik
....
ስሉስ ኩርናዕ

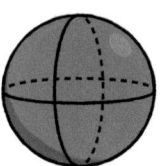

Krogla
....
ክቢ

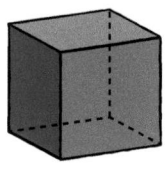

Kocka
....
ኩቦ

Bela

ጸዕዳ

Rumena

ብጫ

Oranžna

አራንሺ

Rožnata

ፒንክ

Rdeča

ቀይሕ

Vijolična

ጁኽ

Modra

ሰማያዊ

Zelena

ቀጠልያ

Rjava

ቡናዊ

Siva

ሓሙኽሽታይ

Črna

ጸሊም

veliko / malo

ብዙሕ / ውሑድ

jezno / umirjeno

ሕሩቅ / ሰላማዊ

lepo / grdo

ጽቡቅ / ክፉእ

začetek / konec

መጀመርያ / መወዳእታ

veliko / majhno

ዓቢ / ንእሽቶ

svetlo / temno

ብሩህ / ጸልማት

brat / sestra

ሓው / ሓፍት

čisto / umazano

ጽሩይ / ርሳሕ

popolno / nepopolno

ምሉእ / ዘይምሉእ

dan / noč

መዓልቲ / ለይቲ

mrtvo / živo

ሙዉት / ህልው

široko / ozko

ሰፊሕ / ጸቢብ

užitno / neužitno

ደስ ዘበል / ደስ ዘይብል

zlobno / prijazno

እኩይ / ህያዋይ

vznemirjeno / zdolgočaseno

ርቡጽ / ስልኩይ

debelo / vitko

ረጊድ / ቀጢን

prvo / zadnje

ቀዳማይ / ናይ መወዳእታ

prijatelj / sovražnik

ዓርኪ / ጸላኢ

polno / prazno

ምሉእ / ባዶ

trdo / mehko

ተሪር / ልስሉስ

težko / lahko

ከቢድ / ፈኩስ

lakota / žeja

ጥምየት / ጽምየት

bolano / zdravo

ሕሙም / ጥዑይ

nezakonito / zakonito

ዘይሕጋዊ / ሕጋዊ

pametno / neumno

መስተውዓሊ / ስዲ

levo / desno

ጸጋም / የማን

blizu / daleč

ቐረባ / ርሑቕ

novo / rabljeno

ሓዲሽ / ብሉይ

nič / nekaj

ዋላ ሓደ / ገለ

staro / mlado

ዓቢ/ኣረጊት / መንእሰይ

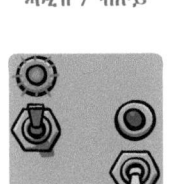

vklopljeno / izklopljeno

ወልዕ / ኣጥፍእ

odprto / zaprto

ክፉት / ዕጹው

tiho / glasno

ህዱእ / ዓው

bogato / revno

ሃብታም / ድኻ

prav / narobe

ቅኑዕ / ግጉይ

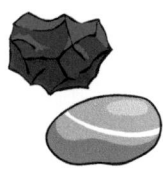

grobo / gladko

ሓርፋፍ / ልሙጽ

žalostno / veselo

ጉሁይ / ሕጉስ

kratko / dolgo

ሓጺር / ነዊሕ

počasi / hitro

ቀስ / ቅልጡፍ

mokro / suho

ጥሉል / ንቑጽ

toplo / hladno

ምዉቕ / ዝሑል

vojna / mir

ውግእ / ሰላም

ቁጽርታት

0

Ničla

ዜሮ

1

Ena

ሐደ

2

Dva

ክልተ

3

Tri

ሰለስተ

4

Štiri

ኣርባዕተ

5

Pet

ሓሙሽተ

6

Šest

ሽዱሽተ

7

Sedem

ሽውዓተ

8

Osem

ሽሞንተ

9

Devet

ትሽዓተ

10

Deset

ዓሰርተ

11

Enajst

ዓሰርተ ሓደ

12	**13**	**14**
Dvanajst	Trinajst	Štirinajst
ዓሰርተ ክልተ	ዓሰርተ ሰለስተ	ዓሰርተ ኣርባዕተ

15	**16**	**17**
Petnajst	Šestnajst	Sedemnajst
ዓሰርተ ሓሙሽተ	ዓሰርተ ሽዱሽተ	ዓሰርተ ሽውዓተ

18	**19**	**20**
Osemnajst	Devetnajst	Dvajset
ዓሰርተ ሸሞንተ	ዓሰርተ ትሽዓተ	ዕስራ

100	**1.000**	**1.000.000**
Sto	Tisoč	Milijon
ሚእቲ	ሽሕ	ሚልዮን

Angleščina

እንግሊዝኛ

Ameriška angleščina

አሜሪካዊ እንግሊዛዊ

Mandarinščina

ቻይናዊ ማንዳሪን

Hindujščina

ሂንዳዊ

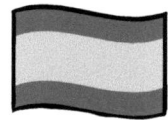

Španščina

እስጳኛዊ

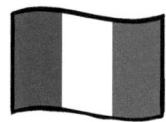

Francoščina

ፈረንሳዊ

Arabščina

ዓረባዊ

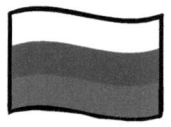

Ruščina

ሩሲያዊ

Portugalščina

ፖርቱጋላዊ

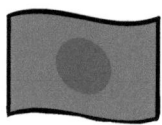

Bengalščina

በንጋሊ

Nemščina

ጀርመናዊ

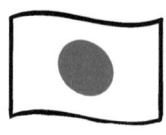

Japonščina

ጃፓናዊ

Jaz

አነ

Ti

ንስኻ/ኺ.

On / ona / tisto

ንሱ / ንሳ / ንሱ

Mi

ንሕና

Vi

ንስኻ

Oni

ንሳቶም

Kdo?

መን?

Kaj?

እንታይ?

Kako?

ከመይ?

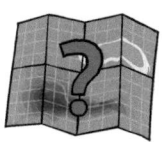

Kje?

አበይ?

Kdaj?

መዓስ?

Ime

ሽም

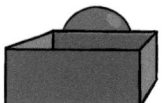

Zadaj

ድሕሪ

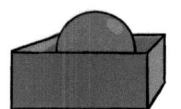

V

አብ

Pred

አብ ቅድሚ

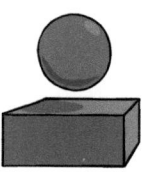

Nad

አብ ላዕሊ

Na

አብ ልዕሊ

Pod

ትሕቲ ምድሪ

Poleg

አብ ጥቓ

Med

አብ መንጎ

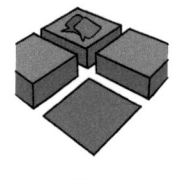

Kraj

ቦታ